LANDESKONSERVATOR
RHEINLAND

BONN-POPPELSDORF

DIE ENTWICKLUNG DER BEBAUUNG EINES BONNER VORORTES IN KARTE UND BILD (BIS ZUR SANIERUNG)

von Busso von der Dollen

ARBEITSHEFT 31

 Herausgegeben im Auftrag des Kultusministers von Nordrhein-Westfalen und des Landschaftsverbandes Rheinland von Udo Mainzer, Landeskonservator Rheinland. Redaktion: Rüdiger Schneider Berrenberg. Gestaltung: Angelika Hinder. Herstellung: Publikationsstelle des Landschaftsverbandes Rheinland. Druckvorlagen: Irmela Liefen und Landesvermessungsamt Bonn-Bad Godesberg. Lithos: Peukert & Co., Köln. Druck: Druckhaus B. Kühlen GmbH & Co. KG, 4050 Mönchengladbach 1. Printed in Germany. ISBN: 3-7927-0514-1

Inhaltsverzeichnis

Titelbild: Ortseingang von Poppelsdorf (Nordeingang der Clemens-August-Straße) um 1820. Lithographie von Aimé Henry. Freundliche Mitteilung von Paul Metzger, St.Arch. Bonn

Vorwort des Herausgebers

Vielleicht noch mehr als alles Reden und Schreiben, Besserwissen und Lehren von Planern und Soziologen, Denkmalpflegern und Politikern haben der die Kriegsverluste weiter potenzierende Abbrucheifer und der Ausverkauf alter Bausubstanz verflossener Jahrzehnte in breiten Schichten der Bevölkerung das Bewußtsein für das gebaute Erbe unserer Vergangenheit gebildet und geschärft. Verkehr und Kommerz haben Wunden geschlagen, die oft nur schwer, wenn überhaupt, verheilen. Dennoch, Fortentwicklung am urbanen Gefüge wird es immer geben, muß es immer geben.

Die Notwendigkeit zu städtebaulicher Veränderung und damit zwangsläufig verbundene planerische Konzepte erfordern zunächst einmal kartographische Bestandsaufnahmen. Das gilt namentlich auch für (Bonn-)Poppelsdorf. Noch bevor die verantwortlichen Verwaltungen mit ihrer vorbereitenden Erfassung für eine Neuplanung von Poppelsdorf an die Öffentlichkeit traten, hatte der Verfasser des hier vorgelegten Arbeitsheftes in den Jahren 1969 ff. im Rahmen historisch-geographischer Forschungen die Baualtersschichten dieses ehemaligen Bonner Vorortes und heutigen Stadtteiles kartiert. Seine kartographische Niederschrift stellt eine willkommene Ergänzung zum Arbeitsheft über „Die Bonner Südstadt" dar, weil damit auch südlich der Reuterstraße gelegene Teile der Südstadt, die sich bis in die Gemarkung Poppelsdorf erstrecken, aufgenommen sind.

Die Gegenüberstellung von zwei Karten, einmal mit der Entwicklung der Siedlung und zum anderen mit dem gegenwärtigen Baubestand, erleichtert die Arbeit des Denkmalpflegers. So ist rasch ein Überblick zu gewinnen über den genetischen Gesamtzusammenhang, in dem ein Block, eine Häuserzeile oder ein Einzelgebäude eingebunden ist. Eine solche analytische Durchleuchtung ist für Poppelsdorf ein besonderes Anliegen, da der alte Ortskern auf der Westseite der Clemens-August-Straße mittlerweile zugunsten einer Neubebauung vollständig abgeräumt ist. Die Diskussion um die neue Gestalt ist noch nicht beendet. Planer und Betroffene sehen sich hier mit den Ergebnissen einer Zielvorstellung für die autogerechte Stadt konfrontiert, die die Wiederaufbauphase in unserem Land weiterläufig bestimmt.

Stadtplanerische Vorstellungen in bezug auf historisch gewachsene Siedlungskörper haben sich in den letzten Jahren grundlegend gewandelt. Für Poppelsdorf kommt dieses Umdenken leider sehr spät. Die vorliegende Untersuchung will dazu beitragen, Erkenntnis und Verständnis für Gewesenes und noch Bestehendes insbesondere dieses Siedlungsquartiers zu wecken und zu vertiefen.

Bonn, im Dezember 1979 — Udo Mainzer

Vorwort des Verfassers

Karte I entstand 1966/67 aus einer von Prof. Dr. Wolfgang Kuls, Geographisches Institut der Universität Bonn, vergebenen kartographischen Seminararbeit zur Entwicklung eines Vorortes. Im Zusammenhang mit den Voruntersuchungen zur Sanierung des Ortskernes Poppelsdorf wurde der Verfasser von Frau Dr. Elisabeth Rech †, Stadtplanungsamt Bonn auf diesen Bonner Stadtteil mit der Aufgabe verwiesen, Material über seine geschichtliche Entwicklung zu sammeln. Von Anfang an war geplant, eine Ergängzungskarte herzustellen, auf der die inneren Veränderungen der Bausubstanz zu erkennen sind. Sie liegt in Form von Karte II nun vor. Der Ortskern konnte vom Verfasser 1969, also noch vor Beginn der Abbrucharbeiten kartiert werden. Die Feldaufnahmen im übrigen Teil der Gemarkung dienten gleichzeitig als Übung im Rahmen von Proseminaren der Historischen Geographie an der Universität Bonn. Allen teilnehmenden Studenten sei an dieser Stelle herzlich für Eifer und Einsatz gedankt. Für die ausgesprochen sorgfältige kartographische Bearbeitung habe ich Frau Lieven, Landeskonservator Rheinland sowie Herrn Asmus und seinen Mitarbeitern im Landesvermessungsamt NRW, Bonn zu danken.

Auf ausdrücklichen Wunsch des Landeskonservators, Herrn Prof. Dr. Günther Borchers †, wurde der Geschichte der Sanierung Poppelsdorf und ihren Folgen für die Bevölkerung je ein Abschnitt gewidmet. Für den sozialgeographischen Beitrag (S. 37 ff.), der einen Einblick in die Bevölkerungsstruktur und -verteilung vor und während der Sanierung gibt, konnte der Verfasser Herrn Studienrat Ronald Wunsch, Essen gewinnen. Ergebnisse seiner Staatsarbeit werden somit erstmals der Öffentlichkeit zugänglich gemacht. Die Arbeit wurde von Herrn Prof. Dr. G. Aymans, Geographisches Institut der Universität Bonn vergeben, dem der Verfasser für die Vermittlung sehr dankt. Im Rahmen eines von Prof. Dr. Klaus Fehn, Seminar für Historische Geographie an der Universität Bonn durchgeführten Colloquiums durfte der Verfasser die Karten und das Konzept des Begleitheftes einem Kreis von Graduierten vortragen. Für die dabei empfangenen Anregungen möchte ich mich bei allen Beteiligten bedanken. Bei Übertragungsarbeiten und Recherchen im Aktenmagazin des Bauaufsichtsamtes unterstützte mich Herr cand. phil. et. mat. Bodo Menke jr. sehr umsichtig. Herrn Krahe im Bauaufsichtsamt der Stadt Bonn sei für die Geduld gedankt, mit der er unsere Nachforschungen unterstützt hat.

Wenn die vorliegenden Karten an den Sanierungsschäden in Poppelsdorf auch nichts mehr ändern können, so bleiben sie doch Hilfsmittel für weitere planerische Entscheidungen und für die Denkmalpflege. Die Historische Geographie hat damit für Stadtplanung und Stadterhaltung Grundlagenmaterial bereitgestellt. Für die Bonner Mitbürger soll das Arbeitsheft ein Stück Ortsentwicklung in einer sich allzu schnell verändernden Umwelt festhalten.

Busso von der Dollen

Einleitung

Hauptbestandteil des vorliegenden Arbeitsheftes sind die Karten I „Bonn-Poppelsdorf. Entwicklung der Bebauung. Primärbebauung" und II „Bonn-Poppelsdorf. Alter der Bebauung 1967". Der Verfasser möchte mit dieser erstmals vorgenommenen Gegenüberstellung von Längsschnitt (Karte I) und Querschnitt (Karte II) einen Beitrag zur historisch-geographischen Stadtmorphologie leisten. Der Begleittext[1] will weder eine historisch-geographische Untersuchung noch eine Ortsgeschichte ersetzen. Er kann lediglich einen kurzen Überblick über die Entwicklung der Siedlung bis zu der deutlichen Zäsur der Flächensanierung 1972 ff. geben, die kartographischen Quellen vorführen und kritisch sichten sowie die nötigen Bemerkungen zur Methode der kartographischen Darstellung und Aufnahme festhalten. Die moderne Kartographie gibt im Prinzip nur den Grundriß wieder, über den Aufriß sagt der Plan nichts aus. Deshalb ist der Verfasser der Anregung von Herrn Dr. Schneider Berrenberg, Landeskonservator Rheinland, gerne gefolgt, durch eine Bilddokumentation die bauliche Gestalt dieses Stadtteiles – soweit möglich, auch in den früheren Entwicklungsperioden – einzufangen. Hier bleibt Vollständigkeit von vornherein ausgeschlossen, vielmehr sollen aus den verschiedenen Entwicklungszonen Beispiele gezeigt werden. Einzelgebäude werden nur vorgeführt, wenn sie typisch für ihre Periode erscheinen. Dem Bild von Straßenräumen und größeren Komplexen wird im Sinne historisch-geographischer Fragestellung und moderner Denkmalpflege der Vorzug gegeben. In diesem Zusammenhang sei auf die Serie von Vogelschauansichten und Luftbildern verwiesen, die selbst die ersten beiden Entwicklungsperioden abdecken. Bezeichnend für die geringe Aufmerksamkeit, mit der man allenthalben die Bildquelle behandelt, ist der Mangel an Luftbildern, die den Stand von Periode III und IV dokomentieren, obwohl die technischen Voraussetzungen gegeben waren.

1. Lage und Naturraum

Poppelsdorf liegt am Südrand der Köln-Bonner Stromebene, 1,8 km südwestlich des Bonner Stadtzentrums (Strecke Marktobelisk Bonn – Kreuzung Clemens-August-Straße/Sebastianstraße-Sternenburgstraße) in dem Grenzraum, wo der Rhein aus dem engen Tal des Rheinischen Schiefergebirges in den sich nach Norden öffnenden Trichter der Köln-Bonner Bucht eintritt. Von den drei Hauptreliefeinheiten des Groß-Bonner Naturraums – Hauptterrasse (Kottenforst, Ville), Mittelterrasse (Vorgebirge) und Niederterrasse – hat Poppelsdorf an der besonders fruchtbaren, weil lößbedeckten Mittelterrasse nur geringen Anteil, da diese am Fuß des Kreuzberges zwischen Niederterrasse und Hauptterrasse auskeilt. Hier jedoch wurde bis in unser Jahrhundert ein intensiver Obst- und Gemüsebau betrieben. Der Hauptteil der Gemarkung liegt daher auf der Niederterrasse, jener in der Würmeiszeit vom Rhein auf etwa 58-60 m über NN. aufgeschotterten ebene Fläche, auf der auch Bonn entstanden ist. Sie ist von Auelehm, einer Ablagerung nacheiszeitlicher Rheinüberflutungen, überkleidet und deshalb für den Ackerbau gut geeignet. Dagegen blieb die Höhe der im Altpleistozän (Günzkaltzeit) aufgeschütteten Hauptterrasse (110-120 m über dem Strom) mit Wald bedeckt (Kottenforst, Ville), der für den wirtschaftenden Menschen nicht nur Brenn- und Nutzholz lieferte, sondern auch als Viehweide diente. Poppelsdorfs Anteil am Wald auf der Hauptterrasse ist nicht groß, der größere Teil stockt auf ihrem Hang, dem nach Norden und Westen exponierten Venusbergabfall.

Das Tal zwischen Venusberg und Kreuzberg hat der Engelbach (auch Melb genannt) eingekerbt. Er brach der Verkehrsverbindung von Bonn ins Ahrtal ein Tor in die sonst recht steile Stufe der Hauptterrasse. Daraus ergibt sich für Poppelsdorf seit alter Zeit eine günstige Regionalverkehrslage. Sie gewinnt durch die Straße am Fuße der Hauptterrasse im Nordwesten und Südosten an Einzugsbereich, die die dort aufgereihten Siedlungen von Bornheim und den Vorgebirgsdörfern bis Godesberg und Lannesdorf verbindet. Die vom Engelbach ausgespülten Materialien haben am Fuß der an dieser Stelle aufgerissenen Hauptterrasse einen Schwemmkegel abgelagert, auf dem sich das Straßendorf in die Niederterrasse vorschob.

2. Zur geschichtlichen Entwicklung von Poppelsdorf – von der ländlichen Siedlung zum Stadtteil Bonns

2.1 Das Dorf im Mittelalter und in der frühen Neuzeit

Poppelsdorf entwickelte sich bereits gegen Ende des 19. Jahrhunderts zum Stadtteil von Bonn. Die starke Bautätigkeit im letzten Viertel des 19. Jahrhunderts führte dazu, daß seine Gemarkungsgrenzen im äußeren Erscheinungsbild nicht mehr zu erkennen waren und sind. Mit der Eingemeindung von Poppelsdorf am 1.6.1904 wurde dieser Zustand auch rechtlich fixiert[2].

Die Siedlung ist geschichtlich durch ihren Ortsnamen mit der -dorf-Endung in die Epoche der fränkischen Landnahme einzuordnen. Fränkische Funde sind bezeugt, allerdings keine römischen[3]. Wenn auch die erste namentliche Erwähnung unserer Siedlung bereits vor 1000 geschieht[4], so erfahren wir doch erst im Hochmittelalter Genaueres über die Zugehörigkeit des Ortes.

Zwischen 1149 und 1166 schenkte der Probst des Bonner Cassiusstiftes, Gerhard von Are (1126-1169), diesem umfangreiche Ländereien in Poppelsdorf[5]. Gleichzeitig legte er durch Neuerwerbungen in Endenich den Grund für die spätere probsteiliche Herrlichkeit Endenich oder Poppelsdorf, zu der außer den beiden genannten Dörfern auch noch Ippendorf mit Eichholz, einem wüstgefallenen Gehöftkomplex bei Ippendorf, gehörte. Es handelte sich um eine der in Kurköln häufig anzutreffenden Unterherrschaften[6]. Ursprünglich besaß das Cassiusstift auch die Burg Poppelsdorf. Sie allein – also ohne das Dorf – wurde 1341 vom Kölner Erzbischof erworben[6/1], der damit seine Bonner Position ausbaute. Die strategische Lage am Kreuzungspunkt wichtiger Straßen am Eingang zum Kottenforst und an der Südwestflanke der Stadt Bonn forderte diesen Zugriff geradezu heraus.

Über die Lage und Ausdehnung der mittelalterlichen Siedlung wissen wir nichts. Es ist anzunehmen, daß sie im Bereich des Ortskernes von 1702/03 (vgl. Karte I) gelegen hat[7].

Die erzbischöfliche Burg Poppelsdorf wird nicht nur Sitz eines Kellners, eines „staatlichen" Verwaltungsbeamten also, sondern auch – neben Brühl – bevorzugter Sitz, Residenz der Erzbischöfe von Köln. Im späten Mittelalter und im 16. Jahrhundert befanden sich hier die (Regierungs-) Kanzlei und das (Staats-) Archiv. Erst 1597 bestimmte Kurfürst Ferdinand endgültig Bonn zur Haupt- und Residenzstadt. Seither spielte Poppelsdorf die Rolle eines kurfüstlichen Sommer- oder Landsitzes[8].

2.2 Vorortbildung im 18. Jahrhundert

Seit der Mitte des 18. Jahrhunderts setzte in der ländlichen Siedlung Poppelsdorf eine Entwicklung ein, in der sich Ansätze zur Vorortbildung erkennen lassen. Sie verläßt unter Einfluß städtischer Kräfte trotz weiterbestehender räumlicher und administrativer Selbständigkeit die eigenwüchsige Entwicklung einer ländlichen Siedlung. Die Veränderungen lassen sich an ihrem Ortsbild, ihrer Sozialstruktur und ihrer Wirtschaft ablesen[9].

Auslösender Faktor war der Bau des Poppelsdorfer Schlosses auf dem Gelände der mittelalterlichen Wasserburg. In engem Zusammenhang mit dem Neubau des Residenzschlosses in Bonn (seit 1715) unter Kurfürst Josef Clemens, besonders des Buenretiroflügels am heutigen Kaiserplatz, entstand „einen Kanonenschuß vom Stadtschloß entfernt"[10] eine neue „Maison de Campagne". Schon in den Jahren seines Exils hatte den Kurfürsten die architektonische Idee der Verbindung zweier Schlösser zu einer einheitlichen Komposition beschäftigt. Der heutigen Poppelsdorfer Allee kommt deshalb besondere Bedeutung zu. Mit ihrer Inangriffnahme bestehen die beiden Bauwerke in Bonn und Poppelsdorf nicht mehr für sich alleine. Sie sind als planerische Einheit aufzufassen und können somit als erste Stadterweiterung außerhalb der Mauern Bonns gelten. Mit dieser beginnt für beide Siedlungen die Neuzeit: Die Stadt öffnet sich in die Landschaft, und das Dorf wird an Bonn gebunden.

Aber erst dem Nachfolger Clemens August ist es vergönnt, zusammen mit dem Neubau des Poppelsdorfer Schlosses (seit 1744 durch B. Neumann) die Straßenverbindung auszuführen. Die „Clemensruhe", wie es nun genannt wird, ist kein Sommerschloß im engen Sinne des Wortes, wenn es auch als solches von Josef Clemens begonnen wurde. Es ist eine „Retirade"[11], nichts anderes als eine stadtnahe Villa in landschaftlich schöner Umgebung. Wir können im Poppelsdorfer Schloß einen Vorläufer der bürgerlichen Wohnhäuser des 19. und 20. Jahrhunderts sehen, die dem aufgelockerten Randbereich unserer Städte, einschließlich der Vororte, das Gesicht gegeben haben.

Die Poppelsdorfer Allee darf jedoch nur dem Kurfürsten selbst als kürzeste Verkehrsverbindung zwischen den beiden Orten dienen. Im übrigen bleibt sie Promenade, der in der Barockzeit Aufgaben gesellschaftlicher Kommunikation zugedacht sind. Für den öffentlichen Verkehr wird deshalb in diesen Jahren die Meckenheimer Allee und -Straße ausgebaut[12]. Sie hat die Aufgabe, vor allem Fahrzeuge aus Bonn nach Poppelsdorf, Meckenheim und ins Ahrtal aus dem Bereich der Schlösser herauszuhalten. Als Verbindung zum Jagdschloß Herzogsfreude bei Röttgen wird diese Landstraße entsprechend weitergeführt[13].

Der Kurfürst baute sein Wohnschloß vor der Stadt in ländlicher Umgebung, und Hofchargen eiferten ihm am gleichen Ort in kleinerem Maßstab nach. So erwarb 1746 der Bauintendant von Clemens August, August Wilhelm Freiherr Wolff Metternich, die alte Sternenburg. Er baute sie zu einem vollendet ausgestalteten Rokokoschlößchen aus, um seinem Kurfürsten nahe zu sein und ihn im Sinne der französischen Partei am Hofe zu beeinflussen. Der französische Gesandte beschaffte deshalb auch die Hälfte der Ankaufsumme von 7000 Gulden[14]. Auch die Katzenburg, in der Joan Jakob Kaisin nach erfolglosen Versuchen der Porzellanherstellung eine Fayence-Manufaktur errichtete[15], erscheint auf dem Stich von Leizel (Abb. 1) als „Lustbau" des 18. Jahrhunderts.

Das Dorf erfährt durch die Bautätigkeit von Angehörigen des Hofes die ersten entscheidenden Änderungen in seinem Ortsbild und in seiner Sozialstruktur, denn die Teile des Hofes und die zugezogenen Würdenträger wollten mit Dienstleistungen versorgt sein[15/1]. Doch kann die kurze Zeitspanne von 15 Jahren, in der Clemens August die „Clemensruhe" bewohnt, das Dorf nicht nach Bonn integrieren. Mit ihrer Vernachlässigung unter Kurfürst Max Friedrich setzt ein Rückfluß der Hofabhängigen in die Stadt ein. Die leerstehenden größeren Häuser und Flügel des Schlosses selbst werden von Bonner Unternehmern für gewerbliche und industrielle Zwecke genutzt[16]. Die keramischen Werke von Wessel, die erst 1969 ihre Poppelsdorfer Tore geschlossen haben, waren ein lange existierendes Zeugnis dieser gewandelten Struktur.

In französischer Zeit wurden neue Verwaltungseinheiten geschaffen. Poppelsdorf bildete zusammen mit sieben weiteren Dörfern im Bonner Umland (Endenich, Kessenich, Dottendorf, Duisdorf, Lengsdorf, Ippendorf, Röttgen mit Ückesdorf) die Mairie, die Bürgermeisterei. In preußischer Zeit wurde diese Einteilung beibehalten. Sitz der Verwaltung war Poppelsdorf, in den Jahren 1835-1875 Kessenich. Beide Orte gehörten kirchlich zur Bonner Pfarre von St. Martin. Erst 1893 wurde Poppelsdorf zur selbständigen Pfarrgemeinde erhoben[16/1].

Mit der Übertragung des Poppelsdorfer Schlosses und der dazugehörenden Ländereien auf die Rheinische Friedrich-Wilhelms-Universität 1818[17] und der Gründung des landwirtschaftlichen Instituts durch Prof. Sturm 1819, aus dem nach einigen Metamorphosen die Landwirtschaftliche Akademie bzw. Hochschule hervorgehen soll[18], werden Funktionen in der Gemarkung angesiedelt, die ein ähnliches Gewicht besitzen, wie die von den Kurfürsten übertragenen. Gerade in baulicher Hinsicht haben sie tiefe Spuren hinterlassen[19]. Poppelsdorf wird durch die Universität neu an Bonn gebunden, seine soziale Gliederung durch sie neu belebt.

2.3 Statistische Betrachtung des Zuwachses von Einwohnern und Wohnstätten

Das sind im wesentlichen die Züge von Poppelsdorfs neuzeitlicher Entwicklung, aus der die vorgelegte Kartierung typische Stadien erfassen soll. Das erfordert eine treffende Periodisierung. Für diese ist – neben der Kenntnis der geschichtlichen Epochen – eine statistische Betrachtung des Wachstums von Einwohnerschaft und Bausubstanz unerläßlich (vgl. Tabelle).

Die erste Wohnstättenzahl beruht auf der „Agraria descriptio des Ertzstiffts Cöllen" von 1669. Dieser grundbuchähnliche Steueranschlag[20] behielt in der gesamten nachfolgenden kurfürstlichen Zeit seine Gültigkeit, da er im wesentlichen nicht mehr ergänzt bzw. auf den neuesten Stand gebracht worden ist[21]. Aus der Anzahl der Wohnhäuser von 1669 läßt sich die erste Einwohnerzahl von Poppelsdorf erschließen. Angenommen wurden sechs Einwohner pro Haus, wobei die örtlichen Verhältnisse und gleichzeitige oder spätere Angaben zu den Dörfern rund um Bonn ausgewertet worden sind.

Wie Diagramm 1 zeigt, bleibt die Wachstumskurve im gesamten 18. Jahrhundert flach, wenngleich der Kontrast zum steilen Kurvenverlauf in der zweiten Hälfte des 19. Jahrhunderts nicht darüber hinwegtäuschen darf, daß der Zuwachs zwischen 1669 und 1790 immerhin 64,2% beträgt. Die bis 1831 nur zögernd einsetzende, danach aber stetige Zunahme der Bevölkerung (1-2% pro Jahr) macht nach 1861 einen Sprung. Hier beginnt die Wachstumsrate 3% zu übersteigen. Ein zweiter Steigerungsknick liegt zwischen 1880 und 1885 mit mehr als 6% Zunahme im Jahr. Bis 1900 bleibt sie bei über 5%! Seit 1885 ist Poppelsdorf die größte Gemeinde in der Bürgermeisterei[22].

Mit der Eingemeindung nach Bonn hören die amtlichen Zahlangaben zunächst auf, da die Volkszählungen nur die Gesamtgemeinden erfassen. Ab 1939 sind die Zahlen für den statistischen Bezirk Poppelsdorf verfügbar, dessen Grenzen allerdings negativ von den alten Gemarkungsgrenzen abweichen[23]. Liegen die folgenden Angaben somit auch unter den tatsächlich für die Gemarkung zutreffenden, so bleibt die Vergleichbarkeit für die Tendenz der Entwicklung doch erhalten. Die Stagnation bis zum Beginn des Zweiten Weltkrieges ist ebenso deutlich wie das durch Wohnungszwangsbewirtschaftung hervorgerufene starke Ansteigen der Bevölkerung in der Kriegs- und Nachkriegszeit. Die Normalisierung der Verhältnisse bewirkt seit 1950 eine gegenläufige Entwicklung.

Wenn sich die Wohnstättenzahl in dem Zeitraum von 1669 bis 1795 nur um 40% erhöht hat und damit deutlich unter dem Zuwachs der Bevölkerung bleibt, so hat das seine Gründe. Zunächst sind die Kriege anzuführen – 1689 wurden die Dörfer rund um die Festung Bonn von der französichen Festungsbesatzung niedergebrannt[24]. Nach Beendigung des Spanischen Erbfolgekrieges ist die verhältnismäßig lange Friedensperiode nicht nur einem Wiederaufbau, sondern auch einem Neuaufbau zugutegekommen, der Größe und Qualität der Wohnhäuser verbesserte, wie es im Unterdorf nachweisbar ist; es konnten also mehr Menschen in einem Haus unterkommen. In der ersten Hälfte des 19. Jahrhunderts bleibt der Zuwachs ausgesprochen gering, eine Tatsache, die wohl auf die allgemein schlechte wirtschaftliche Lage zurückzuführen ist[25]. Seit 1858 wird die Entwicklungskurve steiler, von 1864-1885 liegt die Zuwachsrate zwischen 3,4% und 4,8% im Jahr. Im Jahrfünft 1880/85 läßt sich mit 7% p.J. (35,1% im Jahrfünft) eine sprunghafte Zunahme feststellen. Der „Bauboom" der Gründerzeit hält (mit über 5% Zunahme p.J.) bis zur Jahrhundertwende unvermindert an.

Die Ursachen für das schnelle Wachstum von Pop-

Tabelle 1: Wohnhäuser und Einwohner Poppelsdorf

Jahr	a) Wohnhäuser	b) Einwohner	Quellen a)	Quellen b)
1669	73	438	W. Fabricius, Erläuterungen z. gesch. Atlas Rheinprovinz II. (1898) S. 59	erschlossen
1794/5	120	719	Rheinischer Antiquarius III, Bd. 12 S. 94	St. Arch. BN Fr 29/1
1799	–	660	Landeshauptarchiv Koblenz, Abt. 241 ff. Nr. 2064	
1808	124	744	Departement-Handbuch (1808)	erschlossen
1816	121	762	St. Arch. Bonn, Akten	
1817	120	745	Poppelsdorf Nr. 3934	
1818	120	758		
1819	122	809		
1820	123	882		
1821	124	880		
1822	125	889		
1823	126	879		
1824	126	872		
1825	126	897		
1828	126	917		
1831	128	923		
1834	126	1049		
1837	135	1029		
1843	148	1189	Lücker, Bürgermeisterei	
1846[+]	146	1228	Poppelsdorf, (nach den	
1858	156	1465	Volkszählungen)	
1861	–	1524	S. 85	S. 11
1864	177	1688		
1867	–	1748		
1871	230	1991		
1875	270	2266		
1880	296	2701		
1885	356	3918		
1890	481	5187		
1895	611	6773		
1900	818	8562		
1939		8629	Mitteilung von Dr.	
1946		10268	Horst Fehre, Amt f. Sta-	
1950		12451	tistik und Meldewesen	
1956		12191	d. Stadt Bonn (1966)	
1961		11421		
1967		10367		

* Zahlen von 1846 nach Akten Popp. Nr. 3934.

Tabelle 2: Index der Wohnstätten- und Einwohnerzahlen Poppelsdorf
(1816 = 100)

Jahr	Wohnstätten	Einwohner
1816	100	100
1820	101,7	115,6
1825	104	117,6
1831	105,8	121
1837	111,6	135
1846	120,7	161,2
1858	128,8	192,3
1864	146,3	221,4
1871	190,1	261,3
1875	214,9	297,4
1880	244,5	354,5
1885	194,1	514,2
1890	397,4	680,6
1895	505	888,7
1900	676	1123,6

pelsdorf in der zweiten Hälfte des 19. Jahrhunderts liegen natürlich nicht im Ort selbst. Anhand der Bevölkerungskurve läßt sich belegen, daß dieser Ausbau auf das Ansteigen der Bonner Stadtbevölkerung zurückzuführen ist, wie das Horst Fehre[26] für den Parallelfall Endenich nachweist. Im 19. Jahrhundert pendelte die Rate des natürlichen Bevölkerungszuwachses zwischen 1% und 1,5% p.J., in der Bürgermeisterei Poppelsdorf betrug sie durchschnittlich 1,3%. Deshalb muß das Wachstum des Ortes bei Überschreiten dieses Wertes auf Zuwanderungsgewinn zurückgeführt werden. Von einem starken Zuzug kann bei einer Zuwachsrate von mehr als 3% gesprochen werden. Das trifft für Poppelsdorf in der Zeit von 1861-1900 zu (mit Ausnahme der Jahre 1864-67).

Die aus Gründen der graphischen Vereinfachung in Diagramm 1 zusammen dargestellten absoluten Zahlen von Einwohnern und Wohnstätten könnten zu dem falschen

Schluß verleiten, daß der Wohnhausbau sich zumindest seit den 1860er Jahren beschleunigte und seit 1885 eine stärkere Zuwachsrate als die Bevölkerung aufweist. Die häufig anzutreffenden Spekulationsbauten[27] stützen diese Annahme. Doch ein Blick auf den Index (s.Tab. 2 und Diagramm 2) zeigt, daß die Einwohnerzahlen im 19. Jahrhundert den Wohnstättenzahlen immer schneller davonlaufen. Die Zahl der Einwohner hat sich zwischen 1816 und 1900 verelffacht (11,2), die der Wohnhäuser aber nur knapp versiebenfacht (6,8). Die Erklärung ist auch hier – wie schon im 18. Jahrhundert – in einer Zunahme der Wohnfläche zu suchen, die mit der Zahl der Häuser nicht erfaßt wird.

2.4 Kartographische Quellen – Dokumente von Entwicklungsperioden

Kann das vorhandene Planmaterial zu den statistisch ermittelten Wachstumsperioden die jeweiligen topographischen Zustandsbilder liefern? Weiterhin ist nach dem Zeitpunkt zu fragen, zu dem jeweils eine staatliche Landesaufnahme oder andere Ortsvermessungen in Angriff genommen worden sind. Denn die Aufnahmen tragen ja der historischen Entwicklung Rechnung und lohnen sich für die Träger nur dann, wenn die darzustellenden Veränderungen in ein gewisses Stadium getreten sind. Somit hat das Vermessungswesen durch seine Einsatzplanung einen Beitrag zur Periodisierung der Ortsentwicklung geleistet. Gleichzeitig schützt uns die Kenntnis dieser Maßnahmen davor, Periodengrenzen zu übersehen. Tatsächlich ermöglichen die vorhandenen kartographischen Quellen den gewünschten Einblick in die statistisch sichtbar gewordenen Entwicklungsperioden (vgl. Diagramm 1).

Das notwendige Ausgangsbild vermittelt uns Pläne französischen Ursprungs, die im Zusammenhang mit dem Ausbau der Festung Bonn 1702-1703 entstanden sind[28]. Das im Vorfeld der Festung Bonn gelegene Poppelsdorf ist dabei glücklicherweise auch aufgenommen worden. Alle früheren Pläne (nur im 17. Jahrhundert) genügen nicht für eine Erfassung der Ortstopographie.

Das französische Grundsteuergesetz von 1798 machte für alle Gemeinden[29] Kataster verbindlich, wozu in Bonn 1811-13 die Kartierung vorgenommen wurde. Kurz davor ist auch die erste topographische Landesaufnahme im Rheinland unter dem französischen Oberst Tranchot, nach 1816 fortgesetzt von dem preußischen General von Müffling, durchgeführt worden. Beide zusammen vermitteln jene wichtige Entwicklungsperiode, die in die baufreudige kurfürstliche Zeit fällt. Auf die erste topographische Landesaufnahme folgt 1843-50 eine zweite im Rheinland[29/1]. Die dabei entstandenen Urmeßtischblätter (Maßstab 1 : 25 000) waren nicht zur Veröffentlichung bestimmt, sondern dienten nur zur Ableitung der Generalstabskarte 1 : 80 000. Dieser Umstand erklärt den gerade im Blatt Bonn auftretenden Mangel an Exaktheit der kartographischen Darstellung. Jedoch zwangen die Anforderungen von Verwaltung und Wirtschaft seit den 1860er Jahren zum Druck von einzelnen Meßtischblättern. Von dieser Entwicklung mitverursacht ist die zweite große Vermessung zur Aufstellung eines neuen Grundsteuerkatasters, die von der preußischen Regierung 1859-60 für Bonn durchgeführt worden ist[30]. Im Anschluß daran sind die später eingemeindeten Vororte vermessen worden[31]. Diese Katasteraufnahme zeigt uns also den Zustand unmittelbar vor Beginn der schnellen Bauentwicklung im südwestlichen Bonner Umland. Der Abschluß der zweiten Entwicklungsstufe wäre damit erreicht. Danach beginnt für die Siedlung eine neue Epoche, in welcher der Vorort Poppelsdorf zu einem neuen Stadtteil Bonns wird. Das gehäufte Auftreten von Plänen dokumentiert das öffentliche Interesse an der schneller werdenden Entwicklung.

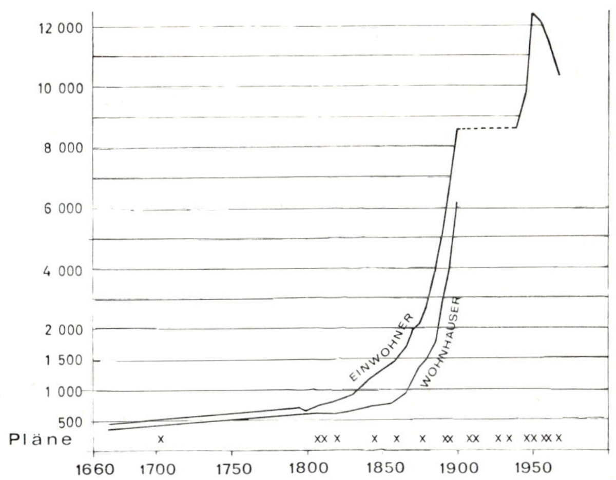

Diagramm 1:
Wachstum von Wohnhausbestand (1669-1900) und Bevölkerung (1669-1967)

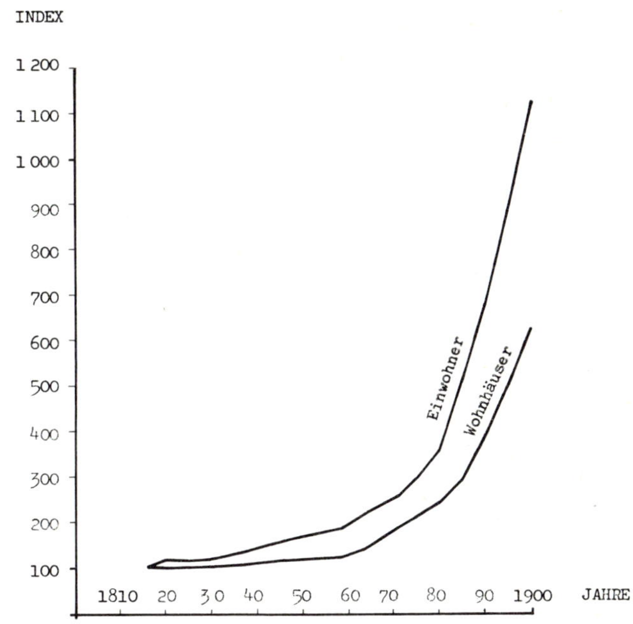

Diagramm 2:
Index der Wohnstätten- und Einwohnerzahlen (1816 = 100)

Die Eingemeindung der vier Orte Poppelsdorf, Kessenich, Endenich und Dottendorf (aus der ehemaligen Bürgermeisterei Poppelsdorf) 1904 machte das Vermessungsamt Bonn zur verantwortlichen Stelle für die Aufnahme dieser Gebiete. Das vorhandene staatliche Kataster für die Vororte (von 1860 ff.) genügte den Anforderungen nicht mehr, da die bebauten Ortsteile im Maßstab 1 : 625, die unbebauten im Maßstab 1 : 1 250 kartiert worden waren[32]. Mithin waren gerade für die Erweiterungszonen keine ausreichenden Planungsunterlagen vorhanden. Deshalb wurden seit 1908[33] unter Leitung des städtischen Geometers C. Strinz die Kataster erneuert. Sie lieferten die Grundlage für die in der Folgezeit entstandenen Stadtpläne. 16 Blätter im M. 1 : 2 500 wurden von der „Aktiengesellschaft für mechanische Kartographie" in Köln gedruckt (Lithographien). Von der Verkleinerung in den Maßstab 1 : 5 000 wurde wegen Konkurses dieser Firma nur ein Blatt hergestellt, die drei restlichen Blätter besorgte die Firma Wilh. Rübsamen in Stuttgart, fortgesetzt von der Firma Carl Georgi, Universitätsdruckerei Bonn[34]. So besitzen wir auch die Quellen zur Erfassung des topographischen Zustandes aus den Jahren der Eingemeindung.

Für die Aufnahme 1908 ff. (Quelle 10) mußte das Triangulationsnetz überholt und ausgebaut werden. Bei dieser Aufgabe war es für die Stadt eine Erleichterung, daß das staatliche Vermessungswesen das rheinische Dreiecksnetz verdichtet hatte[35]. Das war anläßlich der dritten topographischen Landesaufnahme geschehen, die im heutigen Landesteil Nordrhein von 1892-1900 durchgeführt wurde. In unregelmäßigen Abständen berichtigt und ergänzt, ist sie bis in die 1960er Jahre Grundlage für die Topographische Karte (TK) 1 : 25 000 geblieben. Diese zeigt im Gegensatz zum Plan keine Parzellen, sie ist für unsere Zwecke deshalb nur bedingt brauchbar, kann aber wegen ihrer großen Genauigkeit ersatzweise herangezogen werden. Für die Kenntnis des kulturlandschaftlichen Wandels bleibt sie eine der wichtigsten Quellen. Deshalb wird die Übersicht zu den Karten der staatlichen Landesaufnahme gesondert vorgenommen[36].

Das unter Strinz' Leitung hergestellte städtische Flurkartenwerk ist über den Ersten und Zweiten Weltkrieg hinaus Grundlage geblieben. Doch die „unrunden" Maßstäbe (1 : 625, 1 : 1 250, 1 : 312,5) in Inselkartenform ließen sich nicht aneinanderlegen und waren für die Stadtplanung ungeeignet[37]. Deshalb wurde seit 1933 von der preußischen Regierung eine Neuaufnahme im Maßstab 1 : 500 angeordnet, die für Poppelsdorf tatsächlich auch durchgeführt worden ist[38]. Für das gesamte Gebiet der Stadt Bonn konnte dieses Planwerk erst 1948-1954 verwirklicht werden. Aus diesem Grundkartenwerk (1 : 500/1 : 1 000) sind alle anderen Planmaßstäbe hervorgegangen. Die letzte Stufe ist der neunfarbige Stadtplan 1 : 10 000. Für unsere Zwecke am wichtigsten ist die sogen. Katasterplankarte 1 : 2 500, deren Erstellung zwar schon vor dem Zweiten Weltkrieg angeordnet war, aber in vollem Umfang erst nach 1948 in Angriff genommen werden konnte. Sie entspricht dem Arbeitsmaßstab für die Deutsche Grundkarte 1 : 5 000 in Stadtgebieten, die von den Landesvermessungsämtern herausgegeben werden. Da keine Doppelarbeit betrieben werden darf, ist ihre Herstellung ein Gemeinschaftswerk des zuständigen staatlichen und des städtischen Vermessungswesens. Hier verflechten sich also die vierte topographische Landesaufnahme, die im wesentlichen für den Landesteil Nordrhein erst 1949 begonnen wurde[39], und die Stadtvermessung. Vervollständigte Neuausgaben sind im Fünfjahresturnus vorgesehen, der sich in der Praxis jedoch um einige Jahre verlängerte. Zur Zeit wird dieser Plan als „Stadtkarte 1 : 2 500" für das gesamte Stadtgebiet (Groß-Bonn) auf 53 Einzelblättern, Format 80 x 80 cm (= 4 km²), fortgeführt und kontinuierlich durch Trupps des Vermessungsamtes Bonn laufend gehalten[40]. Für jedes Blatt sind „Stammblätter" in Vorbereitung, in denen die Veränderungen gleichsam urkundlich festgehalten werden sollen[41]. Die bisher erschienenen Katasterplankarten ermöglichen es allerdings schon jetzt, sehr genau die Veränderungen festzustellen, die nach 1945 im Stadtteil Poppelsdorf vorgenommen wurden.

2.5 Periodisierung der Siedlungsentwicklung

Für die gesetzten Zäsuren sind struktureller Wandel, allgemeine Epochengrenzen und die Baugesinnung der Zeit maßgebend. Das Quellenverzeichnis und die in Diagramm 1 eingetragenen Zeitpunkte kartographischer Aufnahmen verdeutlichen, daß sich die geschichtlichen Entwicklungsperioden der Siedlung weitgehend, wenn auch nicht auf das Jahr genau im Kartenbild greifen lassen. Eine solche Periode, ja Epoche ist das gesamte 18. Jahrhundert, in dem die Kurfürsten Siedlung und Landschaft stark durchgestaltet und damit auch verändert haben. Bis in unsere Tage sind – wenn auch bedrohte – Reste der barocken Bebauung erhalten. Die revolutionären Veränderungen der französischen Zeit erfaßten die Verwaltung, Wirtschaft und Sozialstruktur. Diese strukturellen Wandlungen konnten sich jedoch in den 20 Jahren des französischen Zwischenspiels nicht nachhaltig auf Grundriß und Aufriß von Poppelsdorf auswirken. Dazu waren die kriegerischen Zeiten zu arm – man lebte weitgehend von der Substanz. (Die Statistik vermerkt in französischer Zeit nur ein zusätzliches Haus.)

Aber auch im ersten halben Jahrhundert preußischer Herrschaft bleiben die Zuwachsraten verhältnismäßig gering. Diese Entwicklungsperiode ist gekennzeichnet durch klassizistische Bauformen, die sich gerade auch in Bauern- und Kleinbürgerhäusern bis zur Sanierung häufig erhalten haben. Mit dem steiler werdenden Anstieg beider Kurven (vgl. Diagramme) der Einwohner und Wohnstätten in den 1860er Jahren beginnt für Poppelsdorf eine neue Entwicklung. Die Katasteraufnahme von 1861 erfaßt diese Periodengrenze exakt zum richtigen Zeitpunkt. Die anschließende Zeit baulicher Expansion[42] fällt weitgehend mit Gründung und Dauer des neuen Kaiserreiches zusammen[43]. Sie ist gleichfalls als Epoche zu verstehen, die sogar ihren eigenen Stil, den Historismus gefunden hat. Darunter wird jene Architekturrichtung verstanden, die Elemente verschiedener historischer Baustile an einem Gebäude wiederverwendet, also ein Stileklektizismus, aber auch die bewußte Wiederverwendung eines einzigen historischen Baustils[44]. Im Werk bekannter Architekten finden wir „reinrassige" Reproduktionen verschiedener Stilepochen in zeitlichem Neben- und Nacheinander. Poppelsdorf selbst bot mit seiner Gemeindekapelle eines der frühesten Beispiele dieses eklektizistischen Historismus: 1812 errichteten die Gemeindemitglieder ihr Gotteshaus aus dem Material der in Bonn abgebrochenen romanischen Pfarrkirche St. Martin nach dem Plan des bekannten Poppelsdorfer Baumeisters Michael Leydel und des Joseph Wurm[44/1] – auf dem klassizistischen Baukörper mit neupalladianischen Formen dominierten die romanischen Spolien, vor allem die Säulen. Nach Ende des Ersten Weltkrieges ist der Historismus für Neubauten hier nicht mehr verwendet worden. Für die Stilrichtungen der Weimarer Zeit und des Dritten Reiches läßt sich ein Ende mit 1945 nicht so apodiktisch feststellen[45]. So läßt sich diese Periode der Zwischenkriegszeit ohne weiteres bis 1948, dem Stand eines vermessungsamtlich fortgeführten Planes (Quelle 14), ausdehnen. Größere geschlossene Bebauungsgebiete aus dieser Zeit fehlen im Blattbereich ohnehin, sieht man von den Ansätzen der Siedlungsbewegung an Rehfues- und Hartsteinstraße ab. Dennoch treffen wir auch in Bonn auf qualitätvolle Beispiele der Zwischenkriegszeit, deren Wert durchaus schon erkannt worden ist[46].

Die Zeit nach Gründung der Bundesrepublik Deutschland findet ihre Begrenzung durch die Bearbeitungszeit – Karte I wurde 1967 fertiggestellt, im Anschluß daran wurde mit der Feldaufnahme begonnen. Aber auch die endsechziger Jahre können als Grenze einer Entwicklungsperiode gelten, da nun im Zuge der Sanierungsmaßnahmen mit dem Abbruch der gesamten Westseite des alten Ortskernes an der Clemens-August-Straße begonnen wurde.

2.6 Die Entwicklung seit 1949 – Teilverlust des historischen Ortskerns durch Sanierungsmaßnahmen

In der Nachkriegszeit bot die Niederterrasse innerhalb der Gemarkungsgrenzen keine Möglichkeiten mehr für zusammenhängende Neubauprojekte. Leider wurde deshalb oftmals das Gartengelände innerhalb der Karrés angegriffen. Die bis 1948 noch nicht angetasteten Hänge der Hauptterrasse – wie der Venusberg- und Kreuzberghang im Melbtal – sind außerhalb der Landschaftsschutzzonen für die Bebauung freigegeben worden. Diese jüngsten Erweiterungen lassen sich in einer fünften und vorläufig letzten Stufe der Kartierung festhalten.

Dieses „natürliche" Wachstum des Stadtteils von innen nach außen, in – idealtypisch gesehen – Ringen um den alten Ortskern an der Clemens-August-Straße mit den Ausläufern an Sternenburg- und Sebastianstraße ist in der Mitte der 1960er Jahre zu einem Stillstand gelangt. Seither macht sich eine neue Entwicklung bemerkbar. Auf der einen Seite muß mit einer verhältnismäßig dichten Wohnbebauung an den noch freien Hängen (Kreuzberghang, „Im Wingert") gerechnet werden. Auf der anderen Seite sahen sich die unter der Bezeichnung Südstadt bekannten Wohnquartiere in der Gemarkung einer inneren Aushöhlung ausgesetzt. Hier drang zunehmend der tertiäre Sektor der Wirtschaft, also Dienstleistungen mit Büros und Praxen, in die Wohnhäuser ein. Bis in die 1950er Jahre blieb er in der speziellen und deshalb kontrollierbaren Form der naturwissenschaftlichen und landwirtschaftlichen Institute der Universität Bonn auf sein eigenes, historisch gewachsenes Viertel am Schloß beschränkt. Dann begann er wahllos, je nach Ansatzgelegenheit, im gesamten Bereich die traditionellen Wohnfunktionen „umzunutzen". Als Folgen drohten Abbrüche und parzellenübergreifende Neubauten, aber auch das Absinken von Häusergruppen in entsprechender Lage zu „Neubauerwartungsruinen". Immer wieder artikulierter Bürgerwille und das neue Konzept des Landeskonservators Rheinland, ganze Stadtviertel in ihrem Gesamtgefüge zu schützen, haben die Stadtplanung veranlaßt, Bebauungspläne und Ortssatzungen aufzustellen. Diese sollen die Entwicklung langfristig „umdrehen" und die gründerzeitlichen Viertel auch für die Zukunft als Wohnquartiere erhalten. Im alten Ortskern dagegen hat sich das Siedlungsbild grundlegend verändert.

Karte II (1967) vermittelt mit ihrer geschlossenen Bebauung in diesem Bereich nur noch einen historischen Zustand. Seit den 1950er Jahren sind Entwicklungspläne und eine Reihe von Bebauungsplänen aufgestellt und teilweise verwirklicht worden, die das überkommene Siedlungsgefüge sprengen.

Diese Überlegungen zur Umgestaltung laufen parallel mit einem wirtschaftlichen Strukturwandel des Stadtteiles. 1969 schlossen die Keramischen Werke von Wessel und 1969 die Schreibwarenfabrik Soennecken die Werkstore. Damit ist der sekundäre Wirtschaftssektor weitgehend ausgefallen. Die Übernahme beider Werksareale durch die Rheinische Friedrich-Wilhelms-Universität Bonn kennzeichnet das weitere Vordringen des Tertiärbereiches. Das wird sich auch auf die Zusammensetzung der Bevölkerung auswirken[47]. Auf dem Soenneckengelände ist bereits ein Studentenwohnheim errichtet worden (1978 fertiggestellt), ein weiteres ist im Bau.

Die tiefgreifendsten Auswirkungen auf Siedlungsgefüge und Ortsbild im Verlauf der seit 1700 kartierten Entwicklungsperioden rufen die Maßnahmen hervor, die im Zusammenhang mit der Sanierung des Poppelsdorfer Ortskerns durchgeführt werden. Wie so oft, sind auch hier die Ansätze in des Wortes ursprünglicher Bedeutung, nämlich ein krankendes Viertel zu heilen, um soziale, hygienische und städtebauliche Mängel zu beseitigen, aus dem Steuer gelaufen.

Der vom Institut für Bodenordnung, Neue Heimat, Essen 1974 vorgelegte Untersuchungsbericht zur städtebaulichen und sozialen Struktur im 1972 förmlich festgelegten Sanierungsbereich Poppelsdorf hält zweifellos eine Liste solcher Mängel fest[48]:

- schlecht zu nutzender Grundstückszuschnitt
- Überschreiten der zulässigen Grundflächen- und Geschoßflächenzahlen[49]
- mangelhafte Wohnungsausstattung (hinsichtlich Zuschnitt und Raumhöhe 45 % der Wohnungen ohne zu fordernde sanitäre Einrichtungen und Beheizung)
- untragbare Verkehrsverhältnisse (Überlastung der alten Kreuzung Clemens-August-Str./Sebastian- und Sternenburgstr., Engpässe hier und zu schmale Bürgersteige, zu wenig Stellplätze)
- Überalterung der Bevölkerung, insbesondere der Betriebsinhaber, aber hohe Mobilität der jungen Einpersonenhaushalte

Es fällt auf, daß der Bericht ausdrücklich eine Abhängigkeit zwischen Gebäudealter und Wert der Bausubstanz ausschließt[50] und keine pauschale Überalterung der Gebäude feststellen kann. Die im Sanierungsgebiet Befragten hätten, so der Bericht[51], fast alle den Mangel an Grünflächen beklagt. Damit wird jedoch die fehlende Auflockerung – zu enge Straßen ohne Vorgärten im Ortskern – gemeint sein, da bei der Offenlegung des Planes für den Poppelsdorfer Platz im Jahre 1959 betroffene Anwohner ausdrücklich auf die günstige Lage zu den Naherholungsgebieten Botanischer Garten, Melbtal, Venusberg, Kreuzberg mit Poppelsdorfer Friedhof hinwiesen[52].

Wir müssen diesen Untersuchungsbericht jedoch historisch einordnen. Er wurde von Juni 1973 bis Februar 1974 bearbeitet, in einer Zeit also, in der die auf Sanierung ausgerichtete Stadtplanung sich bereits voll auswirkte[53]. Im demographischen Bereich kann das die sozialgeographische Untersuchung von WUNSCH (s. u.) durch den Vergleich der Jahre 1969 und 1974 belegen. Vergegenwärtigen wir uns deshalb kurz die Stadien der Planung für den Ortskern Poppelsdorf.

Die förmliche Festlegung des Sanierungsgebietes durch den Rat der Stadt erfolgt am 27. 4. 1972[54]. Die einschlägigen Akten im Kataster- und Vermessungsamt Bonn[55] sprechen aber bereits 1959 davon, daß sich Rat und Verwaltung „nun schon ein Jahrzehnt" mit der Neuordnung des Ortskerns Poppelsdorf befassen. Nichts kennzeichnet den Konzeptionsmangel, mit dem man an diesen Stadtteil herangeht, treffender als die offizielle Aufstellung der im Rat beschlossenen Einzelplanungen[56]:

- Bebauungsvorschlag Servitenweg, Büro Spengelin/Gerlach, 1970/71
- Planungskonzept Poppelsdorf '72, Stadtplanungsamt
- Sanierung Poppelsdorf, Untersuchungsbericht, Institut für Bodenordnung 1973/74
- Städtebaulicher Ideenwettbewerb Bonn-Poppelsdorf „Im Wingert", 1974/75
- Gestaltungsstudie für die Clemens-August-Straße, Büro Spengelin/Gerlach, 1974/75

Erst im Juni 1979 wurde die Rahmenplanung dem Rat und der Öffentlichkeit zugänglich gemacht.

Auch bei der Poppelsdorfer Sanierung steht zuerst die Verkehrsplanung Pate, nicht der städtebauliche Ansatz einer Stadtteilsanierung. Bedingt durch die Neubaugebiete auf dem Venusberg und in Ippendorf, baulich an der Fertigstellung der Verbindungsstraße „Im Wingert" ablesbar, hatte sich der Verkehr in der Clemens-August-Straße erheblich verstärkt. Eine Verbreiterung der Clemens-August-Straße wird deshalb grundsätzlich für nötig erachtet. Dazu soll ihre gesamte Westseite in der Flucht zurückverlegt werden. (Das heißt konkret: Abbruch der Häuser auf der rechten Straßenseite und Neubebauung in einer noch festzulegenden Fluchtlinie dahinter.) Um weitere Bauten zu verhindern, wird bereits 1958 (10. 7.) eine befristete Bausperre beschlossen. Die Planungen des Landesstraßenbauamtes für die Entlastungs-B 9, die seit 1963 in Verlängerung der Reuterstraße den Ortskern durchschneidet, beschleunigt die planerischen Überlegungen für Poppelsdorf. Der Rat stimmt den EB 9-Plänen am 12. 12. 1958 zu.

Der Leiter des Stadtplanungsamtes erläutert am 17. 3. 1959 vor dem Planungsausschuß die Planungen für die Neugestaltung des Ortskernes Poppelsdorf (Zielplan vom 13. 3. 1959). Danach soll die Clemens-August-Straße zwischen der Sebastianstraße und EB 9 in etwa 40 m Abstand hinter der alten Fluchtlinie eine neue fünfgeschossige Bebauung mit Geschäftsräumen im Erdgeschoß erhalten, ohne daß dabei die Altbebauung bereits weggenommen wird. (Das soll offenbar erst zu einem späteren Zeitpunkt geschehen.) Im Norden wird ein achtgeschossiges Hochhaus hart am EB 9-Einschnitt, hier laut Plan für Parkmöglichkeiten durch eine Platte abgedeckt, den Abschluß bilden. Die Kreuzung Clemens-August-Straße / Sternenburgstraße – Sebastianstraße wird zu einem Platz aufgeweitet. Seine Gestaltung regelt der Durchführungsplan Nr. 115 A, C und D vom Mai 1959 (Fluchtlinien, Bauzone und Baugestaltung) zwischen Sebastianstraße (von Clemens-August-Straße bis Mordkapellenpfad), Sternenburgstraße (bis einschließlich Haus Nr. 10) und Clemens-August-Straße (Haus Nr. 50 a bis 78) und auf den rückwärtigen Grundstücken der Sebastiansstraße zwischen Mordkapellenpfad und Clemens-August-Straße. In einer Vorlage (vom 23. 5. 1959) für die Bauausschußsitzung hebt das Planungsamt den wegweisenden Charakter dieser Planung hervor: „Der jetzt vorliegende Durchführungsplan ist der erste Teil für die Verwirklichung der Sanierung [hier noch im allgemeinen Sinn gebraucht] im Ortskern Poppelsdorf. [. . .] Er behandelt den Teil, der vermutlich am ehesten durchzuführen sein wird, der auch Beispiel sein kann für die Verwirklichung der übrigen Teilpläne."

Dieser Teilplan ist mittlerweile verwirklicht, doch erfüllten sich auch die Hoffnungen der Planer?

War zunächst beabsichtigt, im Zentrum neben der Verkehrsverbesserung eine städtebauliche Auflockerung zu erreichen, so muß die Stadtplanung unterdessen selbst zugeben, daß der Platz zu groß geraten ist[57]. Der mit der Schmalseite zur Clemens-August-Straße in den Platz hineinragende zweigeschossige Geschäftsbau, der ursprünglich mit zwei weiteren „in Zusammenklang von niedriger und höherer Bebauung eine Auflockerung der Straßenfluchten [. . .] erreichen" sollte[58], ist unterdessen so ungeliebt, daß man ihn gerne wieder abreißen oder aufgestockt als Platzabtrennung verwenden möchte (vgl. Bild 134 ff.).

Doch der nun so genannte „Poppelsdorfer Platz" ist nicht der einzige, der nach dem Zielplan 1959 vergrößert worden ist. Für die einst von Kurfürst Clemens August geförderte Kirmes erweiterte man den Clemens-August-Platz. Zu der geplanten Herrichtung des Geländes am Wielsgäßchen/Schulhof zum vorläufigen Kirmesplatz ist es nicht gekommen, obwohl diese Stelle bereits vor dem Ersten Weltkrieg dazu ausersehen war[59]. Auch die „abständige Knabenschule an der Sternenburgstraße"[60] (vgl. Bild 59) ist zum Glück nicht abgerissen worden. Von ihrer Beseitigung versprach sich der Leiter des Planungsamtes ebenfalls eine Auflockerung, durch die man die Sebastiankirche in das Blickfeld der Sternenburgstraße rücken wollte.

Wir haben es rechtlich also mit zwei Sanierungsgebieten zu tun, die topographisch allerdings eine Einheit bilden: der Bereich des „Poppelsdorfer Platzes" (1959 festgelegt) und das 1972 förmlich festgelegte Sanierungsgebiet westlich der Clemens-August-Straße. Im entsprechenden zeitlichen Abstand folgte der Totalabbruch in den auf Karte 2 durch die gelbe Linie begrenzten Gebieten – die Abbrüche im Unterdorf sind abgeschlossen, die im Oberdorf dauern noch an[61].

Der Exkurs in die Geschichte der Sanierungspläne zeigt sehr deutlich, mit welcher Leichtfertigkeit die Planung in dieser Zeit noch bereit war, geschlossene Straßenräume aufzubrechen. Die Auffassung hat sich glücklicherweise grundlegend gewandelt. Aber die Wunden sind geschlagen und die Planungen bestehen fort. Es bedurfte erst des massiven Protestes der Poppelsdorfer selbst[62], um die beschlußfassenden Gremien wenn nicht zur Umkehr, so doch zur Einkehr zu bewegen. Dem von Rat und Verwaltung in solchen Fällen meist vorgeschützten Ruf nach konstruktiven Alternativen kamen hier gleich zwei kompetente Bürger vom Fach aus eigenem Antrieb zuvor: Der Bonner Architekt Kurt Kleefisch[63] und Dipl. Ing. Wolfgang Gehrke, tätig am Institut für Städtebau, Siedlungswesen und Kulturtechnik der Universität, legten 1978 unabhängig voneinander Bebauungs- und Verkehrspläne für den geschundenen Stadtteil vor. Beide gehen von einer Entlastungsstraße im Westen der Clemens-August-Straße aus, die in Höhe Wallfahrtsweg (Kleefisch) oder „Im Wingert" (Gehrke) in die Trierer Straße mündet. Beide plädieren für die ursprüngliche Geschlossenheit des Ortskernes bzw. für die maßstäbliche Wiederherstellung des alten Straßenraumes mit schmaler Parzellierung und kleinteiliger Bebauung, die sich auch hinsichtlich der unterschiedlichen Bauhöhen (vgl. Bild 39) an der Ostseite der Clemens-August-Straße orientiert. Damit könnte zumindest die Poppelsdorfer Physiognomie dem auf unseren beiden Karten festgehaltenen historischen Zustand angenähert werden. Vermieden würde das Auseinanderklaffen der Straße in zwei Teile, in einen neuen glatten, mit langgestreckten Rasterfassaden, der entsprechend steril wirkt, und einen alten Teil, der gegen den perfekt „aufgeräumten" „unordentlich" und gleichfalls optisch unbefriedigend erscheint. Aber diese Vorschläge haben eine Kehrseite: Veränderungen der Topographie durch die Entlastungsstraße, weitere Abbrüche an der Sebastianstraße und Trierer Straße, verbunden mit Einschnitten in das Relief und Beunruhigung durch den Verkehr bisher verschonter Bereiche.

Es ist hier nicht der Ort, um die Bebauungspläne zu beurteilen oder gar eine Lösung vorzuschlagen – Aufgabe dieses Abschnittes war es vielmehr, Indizien für den verfehlten Ansatz dieser Ortsteilsanierung aus den 1950er Jahren vorzuweisen. Nichts belegt das deutlicher, als der Mangel einer rechtzeitigen Rahmenplanung[64] und die zu spät angesetzte Untersuchung des Instituts für Bodenordnung (wofür die Stadt verantwortlich zeichnet)[65].

Der Exkurs in die Sanierungsgeschichte des Ortes macht deutlich, daß die vom Institut für Bodenordnung von Juni 1973 bis Februar 1974 vorgenommenen Erhebungen nicht mehr für den Normalzustand des Ortskerns zutreffen, mithin einen Zustand als sanierungsreif bezeichnen, der erst durch die Sanierungspläne selbst verursacht worden ist. Die Ausgangssituation ließe sich ohne Schwierigkeiten durch eine historisch-geographische Analyse rekonstruieren und würde wahrscheinlich zu Ergebnissen gelangen, die keineswegs als katastrophal zu bezeichnen wären. Die im Sanierungsbericht herausgestellten Merkmale, wie verwahrloste Bausubstanz, Mangel an Investitionsbereitschaft, Überalterung der Bevölkerung, zu hoher Anteil weiblicher Einpersonenhaushalte über 65 Jahre und überproportionaler Anteil von ausländischen Bewohnern sind ja eben kennzeichnend für Stadtteile „im Abbruch". Die beigegebene sozialgeographische Studie von Ronald Wunsch vergleicht deshalb die Sozialstruktur im Ortskern von 1974 mit dem eines früheren Zeitpunktes (1969). In diesem Zusammenhang darf nicht verschwiegen werden, daß die Mitarbeiter des Instituts für Bodenordnung in ihrem Sanierungsbericht[66] auf die Fragwürdigkeit einer Flächensanierung mit „bedingungsloser städtebaulicher ‚tabula rasa' und anschließendem verdichtetem Geschoßbau" aufmerksam machen. Sie warnen vor der „völligen Zerstörung eines historisch gewachsenen städtischen Lebensraumes bei gleichzeitiger Auflösung des vorhandenen Sozialgefüges"[67]. Auf die Möglichkeit der maßvollen Objektsanierung, die nicht nur humaner, sondern auch wirtschaftlicher ist, wird in diesem Zusammenhang ausdrücklich verwiesen.

Es verstößt gegen die Regeln der historischen Forschung, einen noch nicht abgeschlossenen Vorgang zu beschreiben und zu beurteilen. Ein abschließendes Urteil muß sich der Verfasser deshalb auch versagen, zumal die Alternative zu dem in Jahrhunderten gewachsenen Zustand, wie ihn die Karten darbieten, noch nicht gebaut ist. Doch der durch die Sanierung hervorgerufene Einbruch in das Siedlungsgefüge und Ortsbild beseitigt einen Zustand, der die Entwicklung von drei Jahrhunderten widerspiegelt. Die wichtigsten Entscheidungen, die dazu führten, sollten wenigstens festgehalten werden, denn nichts wird schneller vergessen, als das jüngst Vergangene. Es ist auch nicht die Aufgabe dieses Beitrages, nach Schuldigen zu suchen, sondern die Situation aufzuzeichnen, in der so oder so entschieden und gehandelt wurde. Im vorliegenden Fall sind die naturgemäß langfristigen stadtplanerischen Maßnahmen sowohl im theoretischen Ansatz als auch in ihrer praktischen Durchführung in den allgemein begrüßten Umbruch der Auffassungen, wie alte Stadtteile und überkommene Gebäudekomplexe zu bewerten und zu behandeln sind, geraten.

3. Zur kartographischen Darstellung

Karte I gibt die Entwicklung der Bebauung in einem zeitlichen *Längsschnitt* wider, d. h. um den Kern, den Ausgangsbestand der Siedlung zu einem bestimmten Zeitpunkt, legen sich – idealtypisch gesprochen – die weiteren Wachstumsringe. Die gleichzeitigen Veränderungen dagegen, die jede Zuwachsperiode im Altbestand bewirkt, können nur selten erfaßt und nur sehr schwer kartographisch wiedergegeben werden. Jede Periodenfarbe stellt deshalb nur die Primärbebauung dar, den ursprünglichen Zustand der bezeichneten Periode oder Epoche, obwohl – wie Karte II zeigt – in Entwicklungsperiode V im Ortskern kein Gebäude der Ausgangssituation 1702/03 mehr existiert. (Kloster Kreuzberg ist zu Teilen der einzige Rest aus dieser Zeit!) Es wäre deshalb falsch, in die Legende z. B. für Farbsignatur II „Bebauung von 1812 – 1861" zu setzen. Auch eine additive Signatur, wie die Farben O, I und II nebeneinander mit der Bezeichnung „Stand der Bebauung 1861" trifft den Tatbestand nur in Hinsicht der topographischen Ausdehnung der Siedlung insgesamt. Der blauviolette Grundriß eines Hauses kann aber 1850 ersetzt worden sein und wäre mithin in Farbe II darzustellen.

Für jede Entwicklungsperiode wäre deshalb ein *Querschnitt* wünschenswert, um die Entwicklung insgesamt einzufangen. Der Wunsch bleibt Theorie, weil die Quellen das in keinem Falle hergeben. Nur für die letzte Periode läßt sich ein solcher Querschnitt herstellen, weil die Feldaufnahme, die Ortsbegehung zur Feststellung des Baualters und der Funktionen, noch möglich war. Nach den Sanierungsabbrüchen im Ortskern ist auch dieser Zustand Geschichte. Er wäre damit – ebenso wie die Vorperioden – geistig nicht mehr reproduzierbar, hätte der Autor nicht 1969 die Begehung durchgeführt. Karte II zeigt also die Baualtersschichten in der Gemarkung Poppelsdorf zum Zeitpunkt von Entwicklungsperiode V der Karte I.

Erst beide Pläne zusammen geben den gewünschten Einblick in die jungen Veränderungprozesse einer solchen Siedlung im Vorortbereich unserer Städte. Für die Siedlungsgeschichte allgemein ist die Feststellung aufschlußreich, daß in den beiden expansiven Epochen der Gründerzeit und Nachkriegszeit (1960er und 1970er Jahre) der Ortskern jeweils nahezu völlig umgebaut wird, obwohl die Expansion – auf den ersten Blick – nach außen gerichtet zu sein scheint.

3.1 Karte I

3.1.1 Topographische Grundlage

Wie unter 2.4 erläutert, wurden die Meßpunkte erst nach und nach vervollständigt. Deshalb weichen die Karten der verschiedenen Perioden in ihrem topographischen Netz teilweise erheblich voneinander ab. Mit einem einfachen Übereinanderlegen war es deshalb nicht getan. Aus diesem Grunde wurde die Katasterplankarte 1 : 2. 500 von 1951 (Quelle 15) als topographische Grundlage herangezogen. Alle anderen Pläne wurden in diese eingepaßt, soweit Zeitgleichheit des Baubestandes es zuließen.

Die *Höhenlinien* wurden aus der Deutschen Grundkarte übernommen (Aufnahme 1952).

3.1.2 Kartenausschnitt

Der Kartenausschnitt ist von der Katasterplankarte 1 : 2. 5000 (vgl. Quelle 15) bzw. von der Deutschen Grundkarte TK Nr. 5208/29 bestimmt. Um das in Entwicklungsperiode II außerhalb der Ortslage gegründete Gut Melb noch darzustellen, mußte das Blatt im Süden erweitert werden. Bei Karte 2 wurde darauf verzichtet.

Im Prinzip ist das Bearbeitungsgebiet durch die Poppelsdorfer Gemarkungsgrenze bestimmt. Im Süden und Osten lassen sich jedoch Teile der Gemarkung (vgl. Karte III) nicht mehr auf dem Blatt unterbringen. Das sind in der Hauptsache Teile der Flur und des Gutes Melb (die südliche Spitze der Gemarkung liegt 900 m südlich der Hofeinfahrt), aber auch Teile des Venusbergs östlich der Robert Koch-Str. (Zeppelinstr.); die Westseite der Heinrich-Fritsch-Straße und Nordseite des Bodelschwinghwegs liegen auf Poppelsdorfer Gemarkung.

Im Nordosten wurde der Blattbereich jenseits der Gemarkungsgrenze mitbearbeitet, um den genetischen Zusammenhang der Bebauung mit der Bonner Entwicklung auch optisch zu dokumentieren. Im Kessenicher Gebiet spielten nur optische Gründe eine Rolle. Im Westen ist die eng mit Poppelsdorf verflochtene Sebastianstraße bis zur A 565 bearbeitet und im Nordosten bildet die Endenicher Allee Bearbeitungsgrenze, weil die Gebiete von Poppelsdorfer Funktionen besetzt oder eng mit Poppelsdorf verbunden sind. So entstanden die Wessel-Villa, die Wessel-Bahn und später Fabrikgebäude jenseits des Landgrabenweges (Carl Troll-Str.). Auf den zu Teilen als solche noch vorhandenen Versuchsfeldern der landwirtschaftlichen Fakultät wuchs in Periode V das Universitätsviertel an der Nußallee und am Katzenburgweg bis zur Endenicher Allee. Schließlich gehören von ihrer Physiognomie her die Teile der Meckenheimer und Poppelsdorfer Allee im Blattbereich zum Schloßviertel.

In den *nicht bearbeiteten* Gebieten sind die Häuser grau dargestellt.

3.1.3 Zur Legende

In der Legende wird die Scheidung zwischen „Stand der

Bebauung 1702/03" und den folgenden „Zuwachs"-Perioden ins Auge fallen. Der Stand 1702/03 ist die Ausgangssituation (vgl. Quelle 1), die den frühesten kartographisch faßbaren Kern darstellt, an dem das Maß des späteren Zuwachses ablesbar ist. Welcher Entwicklungsperiode dieser Stand angehört, ist nicht zu ermitteln[68]. Ihm ist deshalb die Ziffer „0" zugeteilt, die eigentliche Entwicklung läßt sich erst anhand des nächsten überlieferten Standes ermitteln. Die Ziffern sind nötig, um im Hauptblatt lineare Abgrenzungen von Perioden zu bezeichnen. Der einwandfreie Druck von Linien auf Farbgrund ist selbst im Maßstab 1 : 2. 500 nicht zu garantieren, ein geringfügiges Auslaufen kann bereits zu neuen Farbmischungen führen. Aus diesem Grunde mußte auch die lineare Fortführung von neuen Gebäuden in alter Substanz in die beiden vergrößerten Kartenausschnitte verlegt werden. Der bauliche Veränderungsprozeß, also Neubauten auf Altbauten, ist nur für die wichtigsten Gebäude dargestellt worden, für die Schlösser und für die Gebäude der landwirtschaftlichen Hochschule bzw. des landwirtschaftlichen Instituts. Die Nachfolgebauten sind für den Ort so prägend, daß hier vom Prinzip, nur Primärbebauung darzustellen, abgewichen wurde. Anbauten oder Erweiterungen, die ihren zeichnerischen Niederschlag auf dem Plan gefunden haben, sind durchgehend kartiert.

Für Entwicklungsperiode I ist in der Legende von der sonst gebrauchten Terminologie abgewichen, um auf eine kartographische Sonderheit aufmerksam zu machen. Der französische Katasterübersichtsplan 1 : 5. 000 von 1811 (Quelle 4 a) zeigt im Gegensatz zu den folgenden Quellen keine Hausgrundrisse, sondern nur die überbauten Parzellen. Diese Darstellung birgt eine Inkonsequenz, die in Kauf genommen werden muß. Sie erzeugt gleichzeitig eine optische Übergewichtung, die den Ortskern hervorhebt. Nur für das Unterdorf hätte auf einen parzellengenauen Plan zurückgegriffen werden können (Hundeshagen-Plan von 1820, Quelle 5). In den Tranchot-Karten von 1807/09 (Quelle 3) sind zwar Einzelhäuser kartiert, aber sie sind als Elemente des Grundrisses einer Gesamtsiedlung aufzufassen; für eine Vergrößerung sind sie weder gedacht noch geeignet (vgl. Kommentar zu Quelle 3).

Es gibt keinen Plan, der den Stand 1918, die Zäsur der mit dem Kaiserreich endenden Epoche darstellt. So mußte der Zuwachs zwischen 1912 (Quelle 11b) und 1927 (Quelle 12) separiert und Haus für Haus anhand der Akten auf das Jahr 1918 zurückgeschrieben werden.

Einige *Straßen* sind geplant und angelegt worden, ohne in dieser Periode schon mit Häusern besetzt zu werden. Diese Straßen wurden in der Periodenfarbe der Anlagezeit gezeichnet. Bei den übrigen bestimmt die Randbebauung das Alter. Um die nicht benutzten und bebauten *Altwege*, die Quelle 1 überliefert, von diesen zu unterscheiden, haben wir die vererbten Wege mit einer Flächenfarbe gefüllt. Altwege außer Funktion, auch späterer Perioden, sind in der Randfarbe ihrer Zeit (erstes Erscheinen) angelegt.

Das *Bachbett* ist im Zustand von 1811 belassen, um seinen Verlauf durch das Dorf wiederzugeben. Bereits zu dieser Zeit ist ein Stück am nördlichen Ortseingang überwölbt, vermutlich in kurfürstlicher Zeit im Zusammenhang mit der Ansiedlung von Reihenhäusern für Hofbediente vorgenommen[69].

Die *Gemarkungsgrenzen* werden zuerst auf dem französischen Katasterplan (Quelle 4a) überliefert. Eine Kopie (Quelle 4 b) zeigt auch die davon abweichende Bonner Banngrenze, die mitten durch das Schloß Clemensruhe führt. Aber auch spätere Pläne übermitteln Abweichungen, die durch die städtische Überbauung der Gemarkung und durch die damit verbundenen neuen Straßen und Hausparzellen bedingt sind, weil sie Regulierungen nötig machen. Jahreszahlen kennzeichnen die unterschiedlichen Linienführungen.

Die *Namen und Bezeichnungen* in Karte I beziehen sich gemäß dem Grundsatz, Primärbebauung darzustellen, auf die erste Funktion der Gebäude. Spätere Umnutzungen konnten nicht berücksichtigt werden. In Karte II entsprechen die Bezeichnungen dem Stand der Karte (1967).

3.2 Karte II

3.2.1 Topographische Grundlage

Ausgabe 1967 der Katasterplankarte 1 : 2 500 (Quelle 15) ist nur noch als schlechte Lichtpause vorhanden, die Vergrößerung des Mikrofilms erreicht nicht die notwendige Qualität. So wurde für den Druck von Karte II die (aus diesem Blatt entstandene) Deutsche Grundkarte 1 :5 000 des gleichen Jahres in den Maßstab 1 : 2 500 vergrößert. Wie ein Vergleich mit dem amtlichen Stadtplan 1 : 10 000 vom Jahre 1965 ergab, ist dieses Blatt außerhalb der Poppelsdorfer Gemarkungsgrenzen nicht laufend gehalten worden. Deshalb wurden die fehlenden Häuser nach dem genannten Stadtplan ergänzt – gewisse Ungenauigkeiten der einzelnen Grundrisse mögen damit entschuldigt sein.

3.2.2 Die Ortsaufnahme

Die Kartierung des Baualters im Jahre 1967 ist in der Hauptsache nach dem physiognomischen Befund vorgenommen worden. Die Feldaufnahme im Ortskern erfolgte 1969, als bereits eine Veränderungssperre bestand, mithin der Stand 1967 noch vollständig erhalten war. Die übrigen Gebiete wurden nach und nach bis zum Jahre 1979 aufgenommen. Wenn an der Feldaufnahme auch übungshalber Studenten der Historischen Geographie beteiligt waren, die in mehreren Seminarsitzungen und Exkursionen mit Baustilen und Architektur- bzw. Hausformen vertraut gemacht wurden, so hat der Verfasser doch Gebäude für Gebäude selbst in Augenschein nehmen und den Befund überprüfen müssen. Wo Gebäude jüngst ersetzt waren, wurden die Akten im Bauaufsichtsamt herangezogen, um den Stand 1967 zurückzuschreiben. Auch in Zweifelsfällen wurde dieser Weg eingeschlagen, besonders im mehrfach überbauten Ortskern oder dort, wo Kriegsschäden einen vereinfachten Wiederaufbau in den alten Proportionen (unter Weglassen der Stuckfassade) veranlaßt haben. Auch die beiden großen Industriebetriebe, die Wesselwerke und die Soennecken-Fabrik, wurden zusätzlich zur Feldaufnahme anhand der vollständig erhaltenen Bauakten

Fangbogen
Muster zur physiognomischen Gebäudeaufnahme

Straßenname / Datum der Aufnahme / Name des Aufnehmenden

Hs. Nr.	Bauperiode (geschätzter Jahrg., „Jahr")	Gebäudetyp	Geschoßzahl Achsenzahl	Dach- u. Kellerform	Fassaden-zustand	derzeitige Funktionen	Bemerkungen
Möglich-keiten:	I vor 1811 barocker Typ II 1811-1861 klassizist.- biedermeierl., spätklassizist. III 1862-1918 Historismus, Jugendstil, Neo-Barock IV 1919-1948 Neo-Klassizism. Bauhaus (International. Stil) heimattümelnde Formen V nach 1949	Villa Bungalow Einfam. Hs.+ Mehrfam. Hs.+ Vielfam. Hs.+ (ab 5) Bürogeb. Bankgeb. kulturelle } Einrichtung soziale } Notwohngeb.+ Garagen Schuppen Institutsgebäude d. Univ. +jeweils Reihen- od. Einzelhaus kenntlich machen		aufgesetztes Dachgesch. Mansarddach Pultdach Zeltdach Satteldach Türmchen	erneuert auf altem Aufriß Anstrich kürzl. erneuert ein-, mehr- farbig normal verkommen	Wohnungen (Zahl der Klingeln) Geschäft im 1. Gesch. Arztpraxis Büros (total) Büros (Etagen) Institut d. Univ.	leer auffallend ungepflegt im Umbau bei Befragung Antwort zu Vorgarten zum Garten neue Türen u. neue Fenstereinteilung

überprüft und gezeichnet. Eine Fotodokumentation ergänzt diese Aufnahme (vgl. Bildteil 5 „Industriebetriebe"). Für das gesamte Gebiet mit 64 Straßen und etwa 2 000 aufgenommenen Gebäuden ist ein solcher Arbeitsaufwand nicht zu rechtfertigen. Für den Baubestand aus Entwicklungsperiode II und früher wären obendrein Bauuntersuchungen am Einzelobjekt nötig, da hier meist die Akten fehlen, und spätere Veränderungen nicht immer den Altzustand erkennen lassen. Das trifft auch für die in der Karte geteilten Hausgrundrisse zu. Hier konnte nur nach dem physiognomischen Befund kartiert werden, wobei Flächendeckung nicht erreichbar war. Hintergebäude waren oft unzugänglich. Da sie zudem in den verschiedensten Perioden immer wieder verändert wurden, sind sie nur aufgenommen, wenn sie einwandfrei einzuordnen waren. Bei leeren, nicht farbig angelegten Hausstellen handelt es sich um die seltenen Fälle, wo die Gebäude nicht mehr bestanden und auch Akten nicht erhalten sind, u. U. sind es auch undatierbare Behelfsbauten oder feste Gartenhäuser. In jedem Fall liefert die in Karte I dargestellte Primärbebauung den terminus ante quem non und damit eine sichere Hilfe bei der Periodisierung.

Nicht das in seiner Baugeschichte kunsthistorisch betrachtete Einzelobjekt ist – wie in den hervorragenden Baualterplänen österreichischer Städte von Adalbert Klaar[70] – Anliegen der kartographischen Darstellung, sondern im Sinne historisch-geographischer Fragestellung und moderner Denkmalpflege bzw. Stadterhaltung sollen Wandel und Beharrung der Siedlungssubstanz – wenn auch detailliert – insgesamt in einer landschaftlichen Einheit[71], hier innerhalb einer Ortsgemarkung bzw. eines Stadtteiles vorgeführt werden.

Der Kritiker wird einwenden, daß auf Karte II keine Zone oder über den Grundriß des Einzelbaus hinausreichende Komplexe herausgearbeitet worden sind, die sich dann auch in einem kleinerem Maßstab darstellen lassen. Dem steht der Zweck der Karten entgegen, für Denkmalpflege, Stadterhaltung und Stadtplanung eine Unterlage für Entscheidungen im konkreten Fall zu schaffen. In der Gemarkung Poppelsdorf geht es außerhalb des Ortskerns fast ausnahmslos nur noch um einzelne Häuser, da hier flächenhafte Einbrüche nicht mehr zu befürchten sind. Bebauungspläne und Ortssatzungen für die Südstadt haben den Bestand großflächig festgeschrieben.

In der Gemarkung Poppelsdorf wurden nicht nur das Baualter aufgenommen, sondern – wie der *Fangbogen* „Muster zur physiognomischen Gebäudeaufnahme" zeigt – auch wesentliche Elemente des Erscheinungsbildes[72]. Von anderer Seite wurde bereits der Versuch unternommen, den Fassadenzustand der zwischen 1860 und 1918 errichteten Wohngebäude zu kategorisieren und zu kartieren[73]. Für Untersuchung und Darstellung eines Ortsgefüges von großer Wichtigkeit sind die *Funktionen* und ihre Verteilung. Ein Vergleich der Funktionsverteilung im Jahre 1914[74] mit der im Jahre 1967 kann wesentliche Erkenntnisse über die Wandlungsprozesse im Untersuchungsgebiet liefern, sie bleibt einer späteren Veröffentlichung vorbehalten.

4. Zum Bildteil

Im Abbildungsteil* geht es nicht darum, kunsthistorisch besonders wertvolle Bauwerke oder denkmalwerte Gebäude zu zeigen. Das mag in vielen Fällen auch zutreffen. In erster Linie sollen jedoch die in den Karten nur im Grundriß dokumentierten Entwicklungsphasen einer Siedlung im Aufriß, in ihrer Physiognomie wiedergegeben werden. Die Bilder stellen zudem kommentierte Dokumente der Ortsentwicklung dar, sind also Quellen zur Siedlungs- und Baugeschichte. Studenten mögen sie einen Anhalt für das Erkennen von Baualtersschichten in unserem Raum geben. Für Poppelsdorf besteht der Glücksfall, daß wir aus dem 18., 19. und 20. Jahrhundert Vogelschauansichten bzw. Luftbilder der gesamten Siedlung besitzen. In der Dokumentation steht die Gesamtansicht vornean, Einzelobjekte sind als Beispiele zu werten, Vollständigkeit bleibt somit von vornherein ausgeschlossen. Besonderer Wert wird auf die Vergesellschaftung der Gebäude, also auf Ensembles und Straßenräume gelegt.

Die Gliederung des Bildteils ergibt sich aus zwei Gesichtspunkten, dem räumlichen und dem zeitlichen Ordnungsprinzip, die nicht scharf voneinander zu trennen sind. Die Entwicklung wird von innen nach außen, aus dem Ortskern in die Gebiete der Erweiterung verfolgt. Damit ist ein zeitlicher und ein physiognomischer Aspekt beachtet. Es läßt sich am Straßenverlauf sowie am Aufriß und Dekor der Häuser ein Unterschied zwischen einer inneren und einer äußeren Erweiterungszone feststellen. Die innere Erweiterung erfolgte vom Ortskern aus, ist also ein endogener Vorgang, die äußere Erweiterung ist von außen in die Gemarkung hereingetragen worden – ein exogener Vorgang, der im Zusammenhang mit dem starken Wachstum unserer Städte, in diesem Fall Bonns, gesehen werden muß. Herrscht in der äußeren Erweiterungszone das – meist dreigeschossige – Haus mit drei Achsen vor, das in der Regel einen reichen, teils auch aufwendigen Dekor besitzt, so ist die Fassade in der inneren Erweiterungszone meist einfacher. In der Hauptstraße ist allerdings nicht gespart worden. Der Wunsch, dem ehemals ländlichen oder zumindest nichtstädtischen Kern ein zeitgemäßes urbanes Gesicht zu verschaffen, führte sogar zu Blend- oder Scheinlösungen wie an der Ecke Clemens-August-Straße/Kekuléstraße (vgl. Bild 34 und 35).

Die Unregelmäßigkeit der Parzellen verhinderte im Kern und in der endogenen Erweiterungszone das massenhafte Auftreten des Drei-Achsen-Hauses. Daß man sogar den andersgearteten Wohnbedürfnissen und vor allem Vermögensverhältnissen unterer sozialer Schichten Rechnung trug – in der exogenen Zone ließen sich von ihrem Vermögen lebende Rentiers nieder – belegen die Miethäuser von Penner in der östlichen Sternenburgstraße (vgl. Bild 65 a). Die innere Erweiterungszone diente zunächst einmal der Aufnahme von Gemeindeeinrichtungen, die im alten Kern entweder den gestiegenen Bedürfnissen nicht mehr genügten oder die es dort noch nicht gab: Kirche, Schulen, Rathaus, Feuerwehr. Die beiden großen Fabriken von Wessel und Soennecken haben sich im oder am Ortskern ankristallisiert, während z. B. Zuntz' Kaffeerösterei in das Erweiterungsgebiet von Bonn zog, wo sie seit 1837 ansässig war. Bei der Platzwahl der Aktienbrauerei am Kreuzberghang mag die Lagegunst (Wasser zum Brauen und Keller für die Lagerung) ausschlaggebend gewesen sein.

Auf den ersten Blick tritt der Unterschied zwischen einer Straße der inneren Erweiterungszone wie der Burggartenstraße (Bild 64) und einer Straße der äußeren Zone wie der Argelander- oder Schloßstraße deutlich (vgl. Bild 104 ff.) hervor. Erst eine eigene Untersuchung auf der Grundlage der Bauakten kann diese These vom Bestand zweier solcher Zonen endgültig erhärten, wenn sie die Herkunft der Bewohner und die planerischen Erwägungen der zuständigen Behörde, des Kreisbaumeisters beim Landrat, herausgearbeitet hat. Das Ergebnis jedoch, die Physiognomie der Siedlung, des Stadtteils ist *ein* Faktor, der dabei zu berücksichtigen ist.

* Die Photos des Autors wurden in ihren großen Mehrzahl mit der Kamera (Hasselblad 500 C/M) des Seminars für Historische Geographie der Universität Bonn aufgenommen.

Anmerkungen

1 Überarbeitete und ergänzte Fassung des Beitrages Busso von der Dollen, Bonn-Poppelsdorf. Quellen zur kartographischen Darstellung seines Wachstums von 1702 bis 1967, In: Edith Ennen und Dietrich Höroldt (Hsgg.): Aus Geschichte und Volkskunde von Stadt und Raum Bonn. Festschrift Josef Dietz, Bonn 1973, S. 187-212.

2 dazu Lücker, Bürgermeisterei Poppelsdorf, S. 116 ff. und Höroldt, Bonner Raumordnung, S. 12 ff.

3 Ennen/Höroldt, Vom Römerkastell, S. 26. Stöcker in Giesen, Heimatgeschichte, S. 57 berichtet von einem römischen Münzfund und von Grabfunden auf dem Land der Sternenburg im Jahre 1876.

4 Nach Wilhelm Levison, Die Bonner Urkunden des frühen Mittelalters, In: Bonner Jbb. 136/37 Nr. 23 (S. 252) erfolgt die erste Nennung in Helmans Auszügen eines Kopiars des Cassiusstiftes zu Bonn unbestimmbarer Entstehungszeit. S. 23 dieser im 16. Jahrhundert angelegten Abschrift enthält eine Zusammenstellung von Weingärten, die dem Cassiusstift geschenkt wurden, darunter in „Popelstorp". Über das Alter dieser Zusammenstellung liegt keine Angabe vor. Auch die von Levison an den Schluß gestellte Ortsnamenliste ist nicht datierbar. Erich Wisplinghoff, Rheinisches Urkundenbuch. Ältere Urkunden bis 1100, Bonn 1972, Nr. 82 setzt sie zwischen eine Urkunde „nach 911 ?" und eine „1014-1021". Die Nennung erfolgte also noch im ersten Jahrtausend.

5 vgl. Kalnein, Schloß Poppelsdorf, S. 12

6 Zur Herrschaftsorganisation s. Ennen, Geschichte Bonn, S. 81, zusammenfassend v. der Dollen, Vorortbildung und Residenzfunktion, S. 68 f.

6/1 Ennen/Höroldt, Vom Römerkastell, S. 43

7 Der im „Planungskonzept Poppelsdorf '72", inneres Umschlagbild, angegebene Bereich für die Ausdehnung der Siedlung „in den Jahren 900 bis 1250" ist durch nichts nachweisbar oder zu begründen. Denkbar ist – wie siedlungsgenetische Forschungen zu anderen Orten ergeben haben – eine Siedlungszelle im Oberdorf am Rande der Mittelterasse, am oder in der Nähe des Clemens-August-Platzes. Dort ist auch der große Brunnen, der sog. Riesenpütz zu lokalisieren. Im Oberdorf befand sich auch der Fronhof von St. Cassius. Vgl. v. der Dollen, Quellen, S. 201 f. Diese unregelmäßige Ansammlung von Häusern und Höfen ist erst nach dem Straßendurchbruch in der Mitte des 18. Jahrhunderts z. T. reguliert worden. Die im Register Censuum von 1776, vgl. Abb. 51 f., auf der Mitte des Platzes abgebildeten Häuserchen könnten ein Rest davon sein. Auf eine planmäßige Anlage der frühen Neuzeit deuten dagegen die regelmäßigen Zeilen des Straßendorfes. Eine solche Hypothese muß jedoch sorgfältig verifiziert werden – die Quellenlage ist einer derartigen Untersuchung allerdings nicht günstig.

8 Zur Entwicklung der haupt- und residenzstädtischen Funktionen vgl. v. der Dollen, Vorortbildung und Residenzfunktion, S. 41 ff. und S. 111 ff., daselbst Nachweise. Zur Geschichte der Burg vgl. Kalnein, Schloß Poppelsdorf, S. 12 ff. und Dietz, Topographie, S. 171 ff.

9 Nachweis in von der Dollen, Vorortbildung und Residenzfunktion, pass.

10 Josef Clemens an Robert de Cotte, Fried Lübbecke, Das Palais Thurn und Taxis zu Frankfurt am Main, Frankf. 1955, S. 119

11 Kalnein, Schloß Poppelsdorf, S. 152

12 Vermessungsplan um 1756, Staatsarch. Düss. Akten Kurköln IV Nr. 1348; abgebildet bei Kalnein, Schloß Poppelsdorf, Abb. 169

13 Zum Straßensystem im 18. Jahrhundert vgl. v. der Dollen, Vorortbildung und Residenzfunktion, S. 115 ff., ebd. Karte

14 vgl. Braubach, Schloßbauten, S. 139 ff.

15 vgl. Weisser, Faience Fabrique, pass.

15/1 Von einem Verdrängungsprozeß, wie in dem Heft zur Rahmenplanung, S. 8 behauptet, kann in kurfürstlicher Zeit keine Rede sein.

16 Helmuth Schlue, Die Geschichte des Bonner Zuchthauses und des Bonner Arbeitshauses, Diss. Bonn 1957, S. 53; Dietz, Topographie, S. 178

16/1 Stöcker, Von der Kapellengemeinde zur Pfarrgemeinde St. Sebastian, In: Giesen, Heimatgeschichte, S. 69 ff. Zur Verwaltung Lücker, Bürgermeisterei Poppelsdorf, S. 17

17 Dietrich Höroldt (Hsg.), Stadt und Universität, Bonn 1968 (Bonner Geschbll. 22), S. 135 u. S. 344 f.

18 Theod. Frh. v. der Goltz, Otto Koll, Franz Künzel, Festschrift zur Feier des 50-jährigen Bestehens der Kgl. Preuß. landwirthschaftlichen Akademie Poppelsdorf, Bonn 1897, S. 1 ff.

19 Höroldt, Stadt und Universität (1968), S. 176 f. Wie die Nachwelt diese städtebauliche Wirksamkeit beurteilt, mag die Kritik von Heinrich Lützeler, Die Bonner Universität. Bauten und Bildwerke, Bonn 1968, S. 50 beleuchten.

20 dazu Armin Tille, Aktenstücke zur kurkölnischen Steuergeschichte, Bonner Jahrbücher 110, 1903, S. 219 f.

21 Die 1669 (73 Häuser mit kf. Burg und Sternenburg), 1671/72 (St. Arch. Bonn Ku 13/2 b), 1713 St. Arch. Bonn Ku 13/5) und 1733 (St. Arch. Bonn Ku 13/7) genannten Zahlen stimmen deshalb miteinander überein.

22 Lücker, Poppelsdorf, S. 11

23 vgl. statist. Zählbezirk 55/56 in: Planungskonzept Poppelsdorf '72, Hsg. Stadt Bonn, Baudezernat (Stadtplanungsamt) (Bonn Juli 1972) S. 7

24 Kalnein, Schloß Popp., S. 33 f.; Ennen, Geschichte Bonn, S. 201

25 vgl. Ennen/Höroldt, Vom Römerkastell, S. 192 ff.

26 Horst Fehre, Zum Strukturwandel eines Stadtbezirks, dargestellt an Bonn-Endenich, In: Tagungsbericht des Deutschen Geographentages Heidelberg 1963, Wiesbaden 1964 S. 351-364, zum folgenden S. 352 Lücker, Bürgermeisterei Poppelsdorf, S. 13 ff. stellt für die gesamte Bürgermeisterei – zu der 1900 noch vier ländliche Gemeinden gehören – fest, daß seit 1867 die Bevölkerungszunahme in erster Linie durch Zuwanderung erfolgt. Die stadtnahen Gemeinden Poppelsdorf, Endenich und Kessenich, später auch Dottendorf – von Lücker, a.a.O. S. 12 als „Vororte" bezeichnet, sind Ziele der Zuwanderung.

27 s. Grunski/Osteneck, Bonner Südstadt (Arbeitsheft 6), S. 6 und Karte 3 [nicht numeriert]

28 s. G. Aders, Bonn als Festung, S. 98 ff. Damit ist die ältere Arbeit von Mittelsten Schee, Das Ende der Festung Bonn, Bonner Geschichtsblätter 2, 1938, S. 1 – 113 weitgehend überholt.

29 vgl. dazu und zum folgenden Paul Volmar, Das Plan- und Kartenwerk der Stadt Bonn, Bonn 1954, hsg. von der Bauverwaltung der Stadt Bonn, pass.

29/1 vgl. Georg Krauß, Geschichtliche Entwicklung der topographischen Landesaufnahme in den Rheinlanden und Westfalen unter besonderer Berücksichtigung der ersten geschlossenen Aufnahme der Rheinlande, Rhein. Vj. bll. 29, 1964, S. 275-292

30 Volmar, Plan- und Kartenwerk, S. 8

31 C. Strinz, Das Vermessungswesen der Stadt Bonn, Zeitschrift des Rheinisch-Westfälischen Landmesservereins 32, Münster 1912, S. 162

32 dazu und zum folgenden Strinz, Vermessungswesen, S. 164 f.

33 Volmar, Plan- und Kartenwerk, S. 10

34 Strinz, Vermessungswesen, S. 169; um welche Blätter es sich handelt, wird leider nicht mitgeteilt.

35 Krauß, Landesaufnahme, S. 286; Strinz, Vermessungswesen, S. 165

36 Allgemein werden alle großmaßstäbigen Karten bis zum Maßstab 1 : 10 000 einschließlich als „Pläne" oder „Plankarten" bezeichnet, die kleineren Maßstäbe, also z. B. 1 : 25 000, als „Karten". Mit einer gesonderten Übersicht der Meßtischblätter werden somit Pläne und Karten voneinander getrennt.

37 dazu Volmar, Plan- und Kartenwerk, S. 10

38 Auskunft von Prof. Dr. P. Volmar

39 Krauß, Landesaufnahme, S. 289 f.

40 Auskunft Vermessungsamt der Stadt Bonn 1972

41 Auskunft Stand 1972. Alle erschienenen Pläne werden auf Mikrofilm im Vermessungsamt Bonn archiviert. Vgl. v. der Dollen, Quellen, S. 195 Anm. 33

42 Wolfgang Zorn, Wirtschaft und Gesellschaft in Deutschland in der Zeit der Reichsgründung, In: Th. Schieder und E. Deuerlein (Hrsgg.): Reichsgründung 1870/71. Tatsachen, Kontroversen, Interpretationen, Stuttgart 1970, S. 208 stellt (nach A. Spiethoff) ab 1861/62 einen wirtschaftlichen Aufschwung fest, der bis zum „Gründerkrach" 1873 anhält.

43 Insofern bedeutet *„Gründerzeit"* mehr als nur die „Gründerjahre", jene Hochkonjunktur zwischen 1871 und 1873, in welcher der durch französische Reparationszahlungen erhöhte Geldumlauf wirtschaftliche Neugründungen wie Pilze aus dem Boden schießen läßt. Vgl. W. Treue, Gesellschaft, Wirtschaft und Technik Deutschlands im 19. Jahrhundert, In: Gebhardt. Handbuch der deutschen Geschichte, 9., neu bearb. Aufl., hsg. v. H. Grundmann, Bd. III, Stuttgart 1970, S. 512 ff..Die bis 1896 spürbare Depression hat sich – wie die Zahlen belegen – in keiner Weise hemmend auf die Bautätigkeit im Poppelsdorfer Gebiet ausgewirkt. H. Bobbek und E. Lichtenberger; Wien. Bauliche Gestalt und Entwicklung seit der Mitte des 19. Jahrhunderts, Graz ²1978, S. 26, 30 ff. verstehen unter „Gründerzeit" die „im Zeichen der uneingeschränkten Entfaltung liberalistisch-kapitalistischer Ideen stehende Periode" zwischen 1840 und 1918, in der die Industrialisierung der Donaumonarchie erfolgte. Sie unterscheiden Frühgründerzeit von 1840-1870, Hochgründerzeit 1870-1890 und Spätgründerzeit 1890-1918.

44 vgl. Pevsner, Honour, Fleming: Lexikon der Weltarchitektur, München 1971, Artikel „Historismus"; G. Kiesow, Kunstwissenschaftliche Grundlagen und denkmalpflegerische Praxis bei der Baukunst des 19. Jahrhunderts am Beispiel Wiesbadens, In: Landeskonservator Rheinland (Hsg.): Denkmalpflege im rheinischen Ballungsraum, Bonn 1974 (Arbeitsheft 7), S. 139 ff.; V. Darius, I.-M. Heinze u. a.: Bad Honnef. Stadtentwicklung und Stadtstruktur, hsg. v. Landeskonservator Rheinland, Bonn 1979 (Arbeitsheft 26), S. 23 f.

44/1 vgl. Urkunde zur Grundsteinlegung in Giesen, Heimatgeschichte, S. 78 ff. Das Lexikon der Weltarchitektur, vgl. Anm. 44, gibt als frühestes Beispiel für Historismus in Deutschland Klenzes renaissancistisches Palais Leuchtenberg in München von 1816 an. Zur Baumeisterfamilie Leydel s. v. der Dollen, Vorortbildung und Residenzfunktion, S. 137 ff.

45 vgl. den Bau der Herold-Versicherung in der Poppelsdorfer Allee/Ecke Bonner Talweg

46 vgl. die Beiträge von Walfried Pohl in: Godesberger Heimatblätter 12-15, 1974-1977

47 vgl. Planungskonzept Poppelsdorf '72, 2.4

48 Untersuchungsbericht, S. 44 ff. Die Reihenfolge des Berichtes wird beibehalten.

49 Grundflächenzahl (GFZ) = das Verhältnis ganze Grundstücksfläche : bebaute Grundstücksfläche; Geschoßflächenzahl (GFZ) = ganze Grundstücksfläche : Summe aller Geschoßflächen, Baunutzungsverordnung § 17,1

50 Untersuchungsbericht, S. 12 u. 44

51 ebd. S. 54
52 An anderer Stelle wird im Untersuchungsbericht, S. 68 die Nähe zu Naherholungsgebieten als Standortgunst bezeichnet.
53 Eine historisch-geographische Analyse, wie sie im Ansatz hier beigegeben ist, müßte und könnte den ursprünglichen Zustand des Ortskernes herausarbeiten, an dem die vorliegenden Ergebnisse des Untersuchungsberichtes zu messen sind. Im demographischen Bereich kann das die sozialgeographische Studie von Ronald Wunsch (s. u.) durch den Vergleich der Jahre 1969 und 1974 belegen.
54 Anlage zu Tagesordnungspunkt 1. 6. 1/61 Stadtplanungsausschuß vom 30.6.1976, Satzung am 27.6.1972 genehmigt vom Regierungspräsidenten
55 eingesehen am 23.2.1979, Auskunft Noltensmeyer
56 s. Vorlage Planungsausschuß v. 14.2.1979, S. 36
57 vgl. General-Anzeiger Bonn vom 10./11.4.1976
58 Amt 64 v. 14.1.1960 in der Vorlage für den Bauausschuß zum Einwand gegen die zweigeschossigen Bauten vor den fünfgeschossigen Gebäuden
59 Protokoll Planungsausschuß-Sitzung v. 17.3.1959, Beitrag Schäfer, CDU
60 ebd.
61 Stand: Juni 1979
62 Einmalig in den unterdessen überall geführten Auseinandersetzungen dürfte der literarisch gefaßte Protest sein: J[osef] Ruland: Poppelsdorf. Beobachtungen und Daten zur Situation 1977 (Bonn 1977)
63 vgl. auch General-Anzeiger Bonn v. 8.2.1978
64 Die Rahmenplanung wurde erst im Juni 1979 der Öffentlichkeit vorgestellt
65 Ansätze dazu im Planungskonzept Poppelsdorf '72
66 Untersuchungsbericht, S. 56 f.
67 ebd.
68 Vermutlich ist es das nach der 1689 erfolgten Zerstörung wiederaufgebaute Dorf. Die Quellen schweigen darüber, ob der Wiederaufbau auf altem oder neuem Grundriß erfolgte.
69 vgl. v. der Dollen, Vorortbildung und Residenzfunktion, S. 128 ff.
70 Baualterpläne österreichischer Städte, bearb. von Adalbert Klaar, 1. Lfrg.: Niederösterreich (1. Teil), hsg. v. d. Österreichischen Akademie der Wissenschaften, Kommission für den Historischen Atlas der Alpenländer, Wien 1972
71 im Sinne von H. Bobek und J. Schmithüsen, Die Landschaft im logischen System der Geographie, In: Erdkunde 3, 1949, pass.
72 Der Fangbogen wurde vom Verfasser aus einem Aufnahmeschema entwickelt, das 1965 in einem stadtgeographischen Praktikum unter Leitung von Prof. Dr.W. Kuls und Prof. Dr. W. Hahn, Geographische Institute der Universität Bonn erprobt wurde.
73 Wissenschaftliche Hausarbeit im Rahmen der Ersten Staatsprüfung für das höhere Lehramt von Peter Knoth: Fassadenrenovierungen gründerzeitlicher Wohngebäude als Ausdruck neuer Bewertungs- und Erhaltungstendenzen. Untersuchungen in ausgewählten Altbaugebieten Bonns, Bonn 1976, Berichterstatter Prof. Dr. Wolfgang Kuls, Geographisches Institut der Universität Bonn
74 Hier liegt bereits eine detaillierte Karte im Maßstab 1 : 2 500 vor: Maria Hönighausen, Die funktionale Gliederung der Gemarkung Bonn-Poppelsdorf im Jahre 1914, Bonn 1979, Wissenschaftliche Hausarbeit im Rahmen der Staatsprüfung für das Lehramt an Realschulen, Berichterstatter Prof. Dr. K. Fehn, Seminar für Historische Geographie

5. Die kartographischen Quellen

Für die Aufnahme von Einzelblättern hat Emil Meynen, Berichte zur deutschen Landeskunde 5, 1948, S. 195 ff., ein Schema aufgestellt, das die nicht mehr genügenden (Berliner) „Instruktionen für die alphabetischen Kataloge der preußischen Bibliotheken" (1899) erweitert. Da „geographisches Gebiet" und „Gegenstand (‚Thema')" der Karte, die ersten Punkte des Schemas, in der vorliegenden Sammlung feststehen, wird nur der Titel wiedergegeben. Ihm folgen Lagerungsort, ergänzende Angaben und die Erörterung des Aussagewertes. Fehlt der Titel, treten an seine Stelle die erschlossenen Angaben. Auf die Aufnahme von Detailplänen mußte verzichtet werden.

1. 1702/03 Festungspläne der Stadt Bonn

Kolorierte Handzeichnungen. Die topographische Aufnahme durch französische Festungsbauingenieure erfolgte im Zusammenhang mit der Instandsetzung und Erneuerung der Bonner Festungswerke 1701 – 1703. Kurköln hatte sich in dem Geheimbündnis vom 13.2.1701 eng an Frankreich gebunden und stellte ihm danach seine Landesfestungen zur Verfügung[1]. Die verschiedenen Entwürfe spiegeln die fortifikationstechnischen Erörterungen der französischen Ingenieure wieder. Die Stadt selbst wird als geschlossene Bebauung dargestellt, nur die Straßenzüge und einige hervorragende Gebäude (z. B. das Schloß) sind eingezeichnet. Dagegen erscheinen die einzelnen Gebäude außerhalb der Bastionen im Grundriß. Das trifft auch für die im Kartenausschnitt liegenden Dörfer zu, darunter Poppelsdorf. Die steilen Hänge sind durch Schraffen kenntlich gemacht – ein frühes Beispiel für diese Geländedarstellung im Grundriß, die in mathematisch verfeinerter Form bis in die Mitte des 19. Jahrhunderts angewandt wurde, um von der Höhenlinie (Isohypse) abgelöst zu werden. Durch sogenannte anschauliche Signaturen (z. B. idealisierte Bäume) – die moderne Kartographie arbeitet mit abstrakten, meist genormten – haben die französischen Zeichner sogar eine Unterscheidung von Gärten, Baumgärten, Feldern, Wald, Busch- oder Ödland erreicht. In der Darstellung des topographischen Sachverhaltes weichen die unten genannten Pläne geringfügig voneinander ab, eine Tatsache, die wohl nur auf Flüchtigkeiten der Zeichner zurückzuführen ist, nicht aber auf tatsächliche Veränderungen im Siedlungsbild. Der Stand der Aufnahme dürfte in jedem Fall dem der Jahre 1701/02 entsprechen. Für die Genauigkeit der französischen Pläne spricht auch die grundrißgerechte, in die Ebene projizierte Wiedergabe. Deutsche Pläne bevorzugen noch bis in die zweite Hälfte des 18. Jahrhunderts eine Darstellungsart, die Grundriß und Aufriß zu verbinden sucht. Sie ermöglicht damit eine gewisse Vorstellung von der Physiognomie der Siedlung, das jedoch auf Kosten der Lagegenauigkeit.

1.a) **(1702)**
„B III Plan de la Ville de Bonn et du Fort des Bourguignons ou de la Rhin avec les Environs à la Portée du Canon"
Original in der Staatsbibliothek Berlin (Ost), Signatur X 20078; Farbdia im Besitz von Herrn Gebhard Aders, Stadtarchiv Bonn; Photokopie im Vermessungsamt Bonn.
Meßlatte (Toises), „1702" von späterer Hand, Originalmaßstab von Hand ergänzt: „ca. 1 : 7 490", Stempel „Kgl. Staatsbibliothek Berlin", Legende auf linker Blattseite: Kurzer Abriß der Bonner Geschichte von Drusus bis zum Kardinal Fürstenberg. Rechte Seite: Vignette, geographische Lagebeschreibung, Aufzählung der Bastionen.

1.b) **(1702)**
„Plan de la Ville de Bonn et du Fort des Bourguignons ou de la Rhin evec les Environs à la Portée du Canon"
Verkleinerte Photokopie im Vermessungsamt Bonn, Lichtpause in Originalgröße im Stadtarchiv Bonn, Signatur Ba 75.
Plan zeigt vor dem Bonner Festungsgürtel vorgeschobene Schanzen, wie sie der Entwurf von Chermont vorsah, aber 1702 von Vauban verworfen wurden[2]. Sie sind im vorliegenden Plan ausgestrichen worden. Aus dieser zeitgenössischen Korrektur ergibt sich die Datierung. Der Plan unterscheidet sich von Nr. 1a durch die Beschriftung „Poppelsdorff" (dort nicht) und „Creutzberg" (dort „Creutz-Berg"). Legende nur auf linker Blattseite: Wie 1a rechte Seite, dazu geographische Lage; Meßlatte (Toises).

1.c **(1702/03)**
„Plan de Bonn"
Original in der Staatsbibliothek Berlin (Ost), Signatur X 20079, verkleinerte Photokopie im Vermessungsamt Bonn, Lichtpause in Originalgröße im Stadtarchiv Bonn, Signatur Ba 76; Abgebildet in v. der Dollen, Quellen, Abb. 82
Keine Legendenränder, keine Beschriftung im Blattbereich Poppelsdorf. Der Plan zeigt das auf dem Gelände des späteren Hofgartens errichtete sogenannte Hornwerk nach dem Entwurf von Villemont. Der Entwurf ist 1702/03 datiert[3] und ebenfalls von Vauban verworfen worden. Plan 1.c muß also aus den Jahren 1702/03 stammen.
Der „Plan de Bonn" weist unter den zur Verfügung stehenden Wiedergaben die feinste Zeichnung auf. Die Winkel, in denen die Wege und Straßen außerhalb der Stadt aufeinandertreffen, sind meist grob verzerrt. Jedoch stellen sich bei einem maßstabsgerechten Vergleich die Längen in Poppelsdorf als zutreffend heraus (so die Schloßgrabenlänge, die Entfernung nördlicher Anfang Clemens-August-Straße bis zur Kreuzung Sebastianstraße / Sternenburgstraße und die Entfernung von dieser Kreuzung zum Wassergraben der Sternenburg, sogar der Knick der Clemens-August-Straße im Unterdorf ist an der richtigen Stelle wiedergegeben, wenn auch zu stark gewinkelt). Die photomechanische Vergrößerung der Kopie im Maßstab 1 : 2 500 bestätigt diese Beobachtungen sehr deutlich.

Es ist nun zu fragen, ob die am Straßenrand (Clemens-August-Straße) aufgesäumten Häuser in ihrer tatsächlichen topographischen Lage angegeben sind oder ob lediglich eine Häufung der Signatur „Haus" eine Siedlung figurieren soll. Die Frage läßt sich anhand der hervorragenden Gebäude klären. Die Lage der Sternenburg, die bis 1908 existierte, ist richtig angegeben, ebenso die der Katzenburg, einer kleinen Wasserburg auf dem Gelände der späteren Wesselwerke, desgleichen die der Abdekkerei oder Wasenmeisterei („Haselburg") an der Lotharstraße, deren Standort im Katasterplan von 1811 (Plan 4.a) überliefert ist. Die Wahrscheinlichkeit spricht also dafür, daß auch das wichtigste Gebäude am Ort, die Vorburg des kurfürstlichen Schlosses Poppelsdorf, an der topographisch richtigen Stelle steht.
Ursprünglich wies die Burg Poppelsdorf das übliche Schema spätmittelalterlicher rheinischer Wasserburgen auf: Vorburg und Hauptburg sind jeweils von Wassergräben umgeben, bzw. stehen im Wasser. Ein weiterer Graben umgibt in einem größeren Abstand den Gesamtkomplex[4]. Die Verbindungen stellen Zugbrücken her. Die Vorburg liegt nach den Plänen von 1702/03 in der Form eines nach Osten geöffneten Hufeisens an der Straße Bonn-Meckenheim, von dieser durch den Graben getrennt. 1657 war das nicht mehr bewohnbare Hochschloß abgerissen worden[5], um Material für die Stadtbefestigung am Mülheimer Törchen zu gewinnen. Vermutlich war der Rest zum Bau eines Lusthauses im Garten verwendet worden[6].
Ennen[7] und Dietz[8] sprechen vom Abbruch des Schlosses überhaupt, während Kalnein[9] über die hier aufgeführten kartographischen Zeugnisse hinausgehend auch aus der Korrespondenz des Kurfürsten Josef Clemens mit Robert de Cotte auf den Fortbestand der alten Vorburg schließt. Zwei weitere Quellenbelege dafür lassen sich hier anfügen: Eine Kartenskizze aus dem Österreichischen Staatsarchiv / Kriegsarchiv, Wien (Hofkriegsrat 1689/13/I)[10] zeigt den gesamten Schloßkomplex Poppelsdorf mit Belagerungsgräben und Feldbefestigungen der brandenburgischen Truppen. Der besondere Wert dieser kolorierten Handzeichnung liegt darin, daß alle Bauwerke zusammen aufgenommen worden sind, die von anderen zeitgenössischen Quellen in unterschiedlicher Vergesellschaftung dargestellt werden: Vorburg, Hauptburg, Lusthaus (in der nach Osten zeigenden Ecke der Wassergräben, wo heute das Gartengerätehaus steht), nicht zu deutende kleinere Gebäude in der Nordecke des Wassergrabens (Ecke Poppelsdorfer Allee / Meckenheimer Allee) und die unmittelbar am Graben stehende Mauer, die den gesamten Gartenkomplex umgab. Auf Plan 1.c sind nur die Grundrißlinien der Vorburg und Hauptburg zu finden. Auf einem Kupferstich der Belagerung Bonns (1689) im Theatrum Europaeum[11] ist die Lage dieser Gebäude derart verrutscht – die Vorburg als langgestreckte Anlage mit Turm und Tor ohne Seitenflügel unmittelbar am nordöstlichen Graben, in der Mitte des Gartens ein scheunenähnlicher Bau – , daß sie als zuverlässige topographische Quelle ausscheidet.
Wie hier – vermutlich aus der Erinnerung des Zeichners – topographische Tatbestände vermischt worden sind, belegt ein deutscher Plan der belagerten Festung Bonn von 1689 aus dem schwedischen Kriegsarchiv zu Stockholm (Kungliga Krigsarkivet, Handritade, Kartwerk Nr. 15 fol. 6). Er zeigt die Vorburg (sauber gezeichneter Grundriß) wie Nr. 1.a – c und an der oben beschriebenen Stelle mit der Längsseite jedoch am Nordwestgraben, ein langgestrecktes Gebäude. Die Kartenskizze aus dem österreichischen Kriegsarchiv weist hier in etwa gleicher Länge eine Feldbefestigung (Batteriestände?) auf. Die Vorburg ist also auf allen kartographischen Darstellungen zu finden, mithin muß sie 1689 – 1703 noch existiert haben. Abgestützt auf diese Quellen läßt sich die Lage der „Clemensruhe" zur alten Vorburg rekonstruieren: Der stadtzugewandte Teil ist dort erbaut worden, wo sich der südwestliche Seitenflügel der Vorburg befand. Endgültige Bestätigung kann natürlich nur der archäologische Befund liefern.
Zusammenfassend läßt sich zum Plan 1.c feststellen, daß die bekannten Gebäude in Poppelsdorf in ihrer topographischen Lage richtig wiedergegeben sind. Deshalb ist auch die annähernd lagegerechte Darstellung der Bauernhäuser wahrscheinlich. Der vorliegende Plan vermittelt uns also ein authentisches Bild von der Ausdehnung Poppelsdorfs zu Beginn des 18. Jahrhunderts, das für die Gestaltung unserer Siedlungen so bedeutsam gewesen ist.
Einen besonderen Hinweis verdient die im Clemens-August-Platz entspringende Trierer Straße. Sie verläuft noch östlich des Engelbaches auf der Talsohle, um erst unterhalb der späteren Eisfabrik den Bach zu überqueren. Unter Clemens August ist die Chaussee in ihre heutige Trasse in Hanglage westlich des Baches verlegt worden[12]. Erhalten haben sich dagegen eine große Anzahl der 1702/03 eingezeichneten Feldwege im heutigen Straßennetz. Das sind neben dem Poppelsdorf das Rückgrat verleihenden Straßenkreuz der Nord-Süd-Verbindung Bonn-Meckenheim und der am Abhang von Mittel- und Hauptterrasse verlaufenden Straße von Endenich nach Kessenich, die Reuterstraße und die von dieser in Richtung Kessenich abzweigende Luisenstraße. Dazu gehört die östliche Umgehung des Poppelsdorfer Schlosses über den Venusbergweg, der einstmals auf den Jagdweg stieß und seine Fortsetzung im Klosterweg und dem anschließenden Waldweg auf den Venusberg findet. 1702 bestand bereits die Verbindung der Sternenburg zur Reuterstraße, die heutige Kirschallee. Der auf den Kessenicher Weg (Bonner Talweg) führende Weg (Königstraße) und der alte Pfad im Zuge der Poppelsdorfer Allee gehören ebenfalls zu dem Grundmuster vererbter Wege.

1.d **1703**
„Plan de la Ville de Bonn. Et du Fort des Bourguignons audela du Rhin avec les Environs à la portée du Canon. 1703"
Verkleinerte Abbildung bei H. Mittelsten Schee, Das Ende der Festung Bonn, Bonner Geschichtsbll. 2, 1938, Tafel 2 (ohne Quellenangabe).
Legende auf rechtem und linkem Blattrand: Aufzählung der Bastionen. Beschriftung des Kreuz- und Venusbergs (im Gegensatz zu Plan 1.a und b) in Französisch (im einzelnen auf der Abbildung nicht zu erkennen). „Boppelsdorff"; Meßlatte (Toises).

1.e **1703**
„Plan de la ville de Bonn et du fort des Bourgignons audela du Rhin auec les Enuirons a la portée du Canon 1703."
datiert und signiert: fait a Bonn le 24.e mars 1703, Villemont auf Rückseite von alter Hand: Nr. 4
Privatbesitz Dr. Paul Bähr, Brüssel, verkleinertes Farb-

photo im Stadtarchiv Bonn. Meßlatte, Legende und Beschriftung wie 1.d, saubere, genaue Handzeichnung, mit Nadeln durchgepaust (Einstiche auf der Rückseite erkennbar), von schönem Kolorit und guter Erhaltung, 90 x 64 cm

2. **1776**
„Register Censuum Poppelsdorff renovatum anno 1776, Cassius Stift zu Bonn"
Staatsarchiv Düsseldorf, Bestand Bonn, Cass. Stift Nr. 84
175 Blatt, davon beschrieben 116, 3 Blatt Übersicht (21 Blatt Register). 41 Skizzen, die teilweise Häuser (in schematisiertem Aufriß) und ihre Lage, meist aber die Lage von Landstücken mit den jeweiligen Inhabern zeigen; Zeichnung in schwarzer Tusche und Blei. 34 Häuser (durch Fensteröffnungen dargestellt), 15 Scheunen oder Wirtschaftsgebäude (durch Fachwerk ohne Fenster dargestellt) (Vgl. Bild 51und 52).
Der Versuch, die einzelnen Skizzen anhand der angegebenen Nachbarschaften zu einem gesamten Straßenzug zusammenzusetzen, führt zu keinem Erfolg. (Bei der Gemengelage mittelalterlicher Besitztitel war ein solcher kaum zu erwarten.). Lediglich die Skizzen auf fol. 118, 124 und 154 lassen sich zu einem zusammengehörenden Häuserzug auf der Westseite der Clemens-August-Straße aneinanderreihen. Mit Hilfe dieses Zinsregisters der Pachten von Bauern, die vom Bonner Cassiusstift abhängig waren, läßt sich kein Gesamtbild des Ortes rekonstruieren. Aber auch die Lage eines einzelnen Hofes von großer Wichtigkeit ist nicht zu ermitteln, wie die des ehemaligen Fronhofes des Cassiusstiftes. Die Skizze von fol. 180 zeigt drei Häuser, südwestlich wird das Nachbargrundstück mit „v(enera)b(i)le Capitul-frohnhoff" bezeichnet. Dieser lag – das ist der Skizze mit Sicherheit zu entnehmen – an der Westseite der Clemens-August-Straße. Da die dort aufgeführten Pächter im Gesamtregister ihre Lehenstücke überwiegend im Oberdorf ausgewiesen haben, ist zu vermuten, daß die hier skizzierten Wohnstätten samt benachbartem Fronhof ebenfalls im Oberdorf liegen. Eine eindeutige Stütze dieser Annahme fehlt jedoch.
Wenn das Register Censuum an dieser Stelle vorgeführt wird, dann deshalb, weil einzelne Situationszeichnungen die Kenntnis vom Ortsbild wesentlich ergänzen. So erhalten wir z. B. die erste Ansicht des Clemens-August-Platzes (s. Bild 51 f.) nach seiner Umgestaltung in Zusammenhang mit dem Chausseebau[13]. Heute noch bekannte Straßennamen tauchen auf wie „die gaß auff der Nachtegal genant" und der „churfürstliche Jagdweg", wo damals noch kein Haus stand. Die Clemens-August-Straße wird einfach nach ihrer Richtung „von Bonn biß durch Poppelsdorff" bezeichnet, die Sternenburg- und die Sebastianstraße heißen (bis zur Eingemeindung) „Kessenicher" und „Endenicher Gasse"; „neuer Creutzberger Steinweg" wird der heutige Wallfahrtsweg, „alter Creutzweg" der Stationsweg genannt.

3. **1807 – 09**
„Carte topographique des Départements réunis de la Rive gauche du Rhin", aufgenommen 1802-14 unter Oberst Tranchot, hier:
a) Blatt 93 Bonn, aufgenommen 1807-08 von Ing. Geograph 2. Klasse Regnault, Maßstab 1 : 20 000
b) Blatt 102 Duisdorf, aufgenommen 1808-09 von Ing. Geograph 2. Klasse Roubo, Maßstab 1 : 20 000

Originale in der Staatsbibliothek Berlin (West), z. Zt. Marburg, Stiftung Preußischer Kulturbesitz.
Handzeichnung, koloriert. Ausschnitte Poppelsdorf wurden von beiden Blättern nach dem Original im Sept. 1967 im Landesvermessungsamt NRW photomechanisch vergrößert in den M. 1 : 5 000 (im Besitz des Verfassers). Bl. 93 Bonn und Doppelbl. 102 Duisdorf/103 Godesberg reproduziert im M. 1 : 25 000 durch das Landesvermessungsamt NRW 1967 (Publikationen der Gesellschaft für Rheinische Geschichtskunde XII - 2. Abt. – Neue Folge). Reproduziert im M. 1 : 50 000 in: E. Kuphal, Wald-, Kultur- und Siedlungskarte der Rheinprovinz 1801 – 1820, Bonn 1930 ff., Bl. 31. Ausschn. Bonn (mit Popp.) Reproduziert im M. 1 : 10 000 in: Rheinischer Städteatlas – Bonn, Liefrg. I Nr. 6, 1972, Hsg. E. Ennen, Taf. 5.
Wie genau sind die beiden Blätter? In der topographischen Aufnahme, der häufig besondere Exaktheit bescheinigt wird[14], lassen sich folgende Fehler und Ungenauigkeiten nachweisen: Die Lage der Oberen Mühle[15] weicht erheblich von der Katasteraufnahme 1811 (Plan 4) ab. Der angestaute Teich südlich der unteren Mühle am Clemens-August-Platz, 1702 bis 1861 eingezeichnet, fehlt. Die anderen Teiche im Melbtal, wie in Plan 4 zu finden, können – vielleicht jahreszeitlich bedingt – in verschiedenen Ausmessungen aufgetreten sein. Der Poppelsdorfer Bach (Engelbach, auch Melb genannt) endet auf Blatt 102 an der Unteren Mühle, auf Plan 4 wird seine Fortsetzung auf der Westseite des Clemens-August-Platzes gezeigt. Auf Blatt 93 fehlt die Darstellung des gesamten Bachlaufes. Eine grobe Auslassung, wenn man bedenkt, daß der Bach bis 1882[16] im Oberdorf auf der längeren Strecke offen, teils überwölbt die Straße entlang, ab Burggartenstraße östlich hinter den Häusern floß, um im Unterdorf „als starke Bache" offen die Straße zu „durchrauschen", wie es G. Lang in seiner Reisebeschreibung (1790) ausdrückt[17]. Erst 1873 wurde er ganz überwölbt.
Die Katzenburg, seit 1661 nachweisbar, seit 1755 Fayencefabrik in verschiedenen Händen, also der Kern der vormaligen Porzellanfabrik L. Wessel (seit 1825), wird in den Plänen von 1811 und 1820 noch mit Wassergraben dargestellt und 1826 als „massives" schiefergedecktes Lusthäuschen, umgeben von einem Fischweiher", beschrieben[18]. Abgebildet finden wir es auf dem Stich von Leizel 1752[19]. Auf der Tranchot-Karte ist die Katzenburg in dieser Ausführung nicht zu finden. In Höhe der heutigen Burggartenstraße sind die 1811 an der Clemens-August-Straße eingezeichneten Gebäude nicht vorhanden.
Zwischen Clemens-August-Platz und Rehfuesstraße befindet sich die Nahtstelle von den Blättern 93 und 102. Der Vergleich der auf diese Weise zweimal aufgenommenen Gehöfte ergibt insofern mangelnde Übereinstimmung, als diese auf Blatt 102 wie geschlossene Bebauung wiedergegeben werden, auf Blatt 93 aber Lücken dazwischen gelassen sind. Das Kloster Kreuzberg erscheint im Anschluß an die Servitenkirche, deren Choranbau mit der Heiligen Stiege (1746-51 durch Balthasar Neumann) deutlich zu unterscheiden ist, als geschlossene Vierflügelanlage um einen Innenhof. Schulten[20] gibt an, daß eine solche im 17. Jahrhundert geplant, aber nicht ausgeführt worden sei. Die noch heute im Gelände vorhandenen Hauspodeste deuten aber auf eine Vierflügelanlage, die vermutlich nach der Säkularisation im Anfang des 19. Jahrhunderts abgebrochen worden ist.

Das Wegenetz in der Gemarkung ist jedoch genau dargestellt, ebenso der Schloßkomplex. Zweifellos hilft uns die Tranchot-Aufnahme – mit der nötigen kritischen Reserve –, in Verbindung mit Plan 4 Einzelfragen zu klären, wie z. B. bei der Identifizierung der Sternenburg-Nebengebäude. Die graphischen Darstellungstechniken jener Zeit für eine Karte 1 : 20 000 sind von den französischen Ingenieur-Geographen bis zur Grenze des Möglichen ausgeschöpft worden. Es ist eine Überforderung einer topographischen Spezialkarte, in der kartographischen Darstellung von Siedlungen korrekte Pläne sehen zu wollen, da die Kleinstformen nicht mehr grundrißgetreu wiedergegeben werden können und deshalb eine Generalisierung in der Wiedergabe nötig wird[21].

4.a) **1811 Juli 21.**
„Département de Rhin et Moselle, Arrondissement de Bonn, Canton rural de Bonn, Mairie de Poppelsdorff – Tableau d'Assemblage de la Commune de Poppelsdorff, Rapporté à l'Echelle d'un à 5 000 m, terminé le 21 juillet 1811 par le Sousigné géomètre J. Joseph Meurer"
Katasteramtsarchiv Bonn, Kopie der „Kopie vom 6.III.1903 im Katasterbüro der Kgl. Regierung zu Cöln"
Saubere Handzeichnung, in Tusche koloriert. Der Plan ist eine Übersicht, die die Katasteraufnahme gleichen Jahres zusammenfaßt[22]. Er gibt nur die Gesamtbebauung wieder, d. h. die Gebäude sind nicht einzeln in ihrem Grundriß, sondern mit den dazugehörigen Hofreiten und Nebengebäuden in einer einzigen Signatur dargestellt (keine Parzellen). In Kombination mit Plan 5 läßt sich anhand dieser Quelle nur die Bebauung im Unterdorf exakt nachweisen, die sich seit dem Ende der kurfürstlichen Zeit nicht wesentlich geändert hat[23].

4.b) **(1811)**
Ohne Titel, Planinhalt und Darstellungsart wie Nr. 4a, Bleistiftskizze auf Transparent, Bebauung mit Tusche nachgezogen und schraffiert. (M. 1 : 5 000)
Stadtarchiv Bonn, Signatur Cd 180
Es handelt sich ganz offensichtlich um eine handskizzierte Durchzeichnung von Plan 4a (bzw. vom Original) aus älterer Zeit. Lediglich das Gebäude der „Haselburg", der kurfürstlichen Abdeckerei an der Lotharstraße, die auf späten Plänen nicht mehr erscheint, ist abweichend dargestellt. Vom Kopisten ergänzt wurden Flurnamen und die alte Banngrenze, die (anders als die Gemarkungsgrenze) durch das Schloß führt.

5. **(ca. 1820)**
„Topographisch-architectonischer Grundriß der Stadt Bonn und Umgebung bis Poppelsdorf. [späterer Stempel:] ca. 1819. Gewidmet von Bernhard Hundeshagen. Ein 3 600 Theil wirklicher Grösse."
Original von Hand Stadtarchiv Bonn Bb 60; (unveränderter) Nachdruck durch die Bonner Universitäts-Buchdruckerei 1969, Wilh. Stollfuß-Verlag Bonn, Bestell-Nr. 60 850 1. (Verkleinerte) Wiedergabe in: Rheinischer Städteatlas – Bonn, Liefrg. I Nr. 6, Hsg. Ed. Ennen, Bonn 1972 Tafel 3. Vorlage für diesen Gesamtplan sind 30 Einzelblätter (Handzeichnungen) im M. ca. 1 : 485, die das bebaute Stadtgebiet abdecken. Die Bll. 27-30 beinhalten Poppelsdorf. Die unbebauten Teile des Stadtgebietes (auch die Poppelsdorfer Allee, Bl. 22) sind in kleinerem Maßstab dargestellt.
Stadtarchiv Bonn Bb 31
Der Plan zeigt von Poppelsdorf nur das Unterdorf bis zur Kreuzung Clemens-August-Straße / Sternenburg-Sebastianstraße einschließlich der Kapelle, die 1812 aus Abbruchmaterial von St. Martin, Bonn neu errichtet worden war und bis 1900 bestanden hat.[24] Nach P. Volmar[25] fertigte Hundeshagen seinen Plan auf der Grundlage der französischen Katasteraufnahme von 1811-13. Wie Einzelheiten im Stadtplan Bonn belegen, hat er den Stand von 1820, die Zeit der kartographischen Darstellung, berücksichtigt und entsprechende Nachträge vorgenommen.

6.a) **1860 (-1904)**
„Kreis Bonn, Gemeinde Poppelsdorf. Gemeindekarten in 10 Fluren" Maßstab wechselnd 1 : 1 250 oder 1 : 625
„Unter Leitung des Feldmessers Claas aufgenommen im Jahre 1860 durch den Vermessungsgehülfen Schmidt. Kartiert im Jahre 1861 durch den Vermessungsgehülfen Danzgloik. Beschrieben im Oktober 1876 durch den Vermessungsgehülfen Welscheid (Unterschrift:) Rienow 4/2 1880.
(In roter Tinte hinzugefügt:) Durch Übernahme der Supplemente für die Jahre 1880/81 bis 1900 einschließlich auf die Gegenwart berichtigt im Monat Juni 1900.
Weiter berichtigt für die Jahre 1901 bis 1903 einschließlichen Monat Februar 1904 durch Paffelkoven.
Katasteramtsarchiv Bonn
Ausführung: Mehrfarbig; Wohngebäude in roter, Wirtschaftsgebäude in braun-roter Farbe.
Das Kartenwerk trägt amtlichen Charakter und diente bis in die 1960-er Jahre als Unterlage zur Klärung von Besitzrechten. Er zeigt jedoch erhebliche Lücken. Trotz der amtlichen Vermerke von Zusatzänderungen sind nicht dargestellt (in Klammern Jahr der Anlage):[26]

Landgrabenweg (1894)
Ostturm der Sternenburg (1894)[27]
Rathaus (1895/96)
Lutherkirche (1901)
Kekuléstraße (Trasse 1902)
Argelanderstraße zwischen Luisenstr. u. Venusberg (1903)
Stabsgebäude der Ermekeilkaserne (1903/04)

6.b) **1861 (1878)**
„Kreis Bonn, Gemarkung Poppelsdorf – Übersichtskarte M. 1 : 5 000. Angefertigt vom 24. Nov. bis 6. Dez. 1878 auf Grund der Kataster-Aufnahme vom Jahre 1861 durch den Vermessungs-Gehülfen Hennes."
Katasteramtsarchiv Bonn
Saubere Zeichnung in Tusche, koloriert, Gebäude einheitlich rot.
Dieser Plan ist amtlicherseits nicht mit (als solchen kenntlich gemachten) Zusätzen versehen. Dafür sind die vorhandenen Flurkarten (Nr. 6a) benutzt worden. Jedoch sind bereits dargestellt das

Chemische (1864-68),
Anatomische (1872) und
Physiologische Institut (1878).

Nicht aufgenommen wurden aber das

Hörsaalgebäude der Landwirtschaftl. Akademie (1867)
und das Gebäude der landwirtschaftl. Versuchsstation (1876, dahinter am Katzenburgweg).

Eine Erklärung dafür mag sein, daß die ausgesprochen aufwendigen Gebäude der drei erstgenannten Institute bei der Anfertigung des Planes deshalb übertragen wurden, weil sie in der Öffentlichkeit das entsprechende

Aufsehen erregt hatten. Daß der Nachtrag nicht systematisch vorgenommen worden ist, beweisen die oben aufgeführten fehlenden Gebäude. Es ist deshalb anzunehmen, daß der vorliegende Plan tatsächlich den Zustand der Aufnahme von 1860 wiedergibt. Das wird von C. Strinz[28] mit dem Hinweis bestätigt, daß „während der kriegerischen Zeitläufe von 1864-72 die fertige Messung im Archive ruhte und erst in den siebziger Jahren zur Kartierung gelangte".

Für die Gebiete außerhalb der Poppelsdorfer Gemarkungsgrenze wurden folgende Katasterkarten herangezogen:

6.c) **Endenich 1861**
„Kreis Bonn, Gemarkung Endenich. Übersichtskarte, Maßstab 1 : 5 000, Angefertigt vom 13.-31. Januar 1879 auf Grund der Kataster-Aufnahme vom Jahre 61 durch den Vermessungs-Gehülfen Hennes
[Unterschrift:] Rienow 4.2.1880"
Katasteramtsarchiv Bonn
Ausführung wie 6b

6.d) **Endenich 1876**
„Regierungs-Bezirk Coeln, Kreis Bonn, Bürgermeisterei Poppelsdorf, Gemeinde Endenich, Flur 9. Aufgenommen i. J. 1876 durch den Geometer Schellmann II und gezeichnet durch den Geometer Eisenschmidt, Maaßstab 1 : 1 250"
Endenich N° 25, Flur 9
Katasteramtsarchiv Bonn
Ausführung wie 6a

6.e) **Kessenich 1861**
„Kreis Bonn, Gemarkung Kessenich. Übersichtskarte, Maßstab 1 : 10 000.
Angefertigt auf Grund der Kataster-Aufnahme vom Jahre 1861 durch den Vermessungs-Gehülfen Fahlisch II
[Unterschrift:] Rienow 4.2.1880"

6.f **Kessenich 1860-1899**
„Kreis Bonn, Gemarkung Kessenich, Gemeindekarte in 17 Fluren, Maßstab 1 : 1 250, Flur 8. Unter Leitung des Feldmessers Claas aufgenommen i. J. 1860 durch den Vermessungsgehülfen Fröhlich, Kartirt i. Jahre 1861 durch den Vermessungs-Gehülfen Oebel. Beschrieben im Oktober 1876 durch den Vermessungsgehülfen Welscheid.
[Unterschrift:] Rienow, 4.2.1880
Kessenich N° 27, Flur 8. [in rot durch spätere Hand:] Durch die Übernahme der Fortschreibungen der Jahre 1880/81 bis einschließlich 1899 auf die Gegenwart berichtigt im Monat Dezember 1899 durch Heß.
[Unterschrift in blau unleserlich:]. . . 11.10.61 Claas"
Katasteramtsarchiv Bonn

6.g) **Kessenich 1860-1904**
„Kreis Bonn, Gemarkung Kessenich, Gemeindekarte in 17 Fluren, Maßstab 1 : 625, Flur 9. Unter Leitung des Feldmessers Claas aufgenommen i. J. 1860 durch den Vermessungs-Gehülfen Reinhorn, kartirt i. J. 1861 durch den Vermessungs-Gehülfen Oebel, beschrieben im Okt. 1876 durch den Vermessungs-Gehülfen Welscheid.
[Unterschrift:] Rienow, 4.2.1880
Kessenich n° 27, Flur 9 [Fortschreibungsvermerk wie 6f, dazu:] Weiter berichtigt für die Jahre 1900 bis 1904 einschließlich durch Hieffers, im Monat September 1904 durch Fahlisch.
[rechts in blau:] Rev. d. 15.10.61 Claas"
Katasteramtsarchiv Bonn

7. **1877**
„Übersichtsplan der Stadt Bonn und deren nächster Umgebung. Auf Grundlage der neuen Katasterkarten herausgegeben von der städtischen Verwaltung. Druck: Haarhaus Söhne Elberfeld. Angefertigt im Jahre 1877 durch den städtischen Geometer Hennes" (1 : 5 000)"
Vermessungsamt Bonn
Mehrfarbig; Oberdorf nur bis unterhalb Kreuzbergallee dargestellt.

8. **ab 1880er Jahre**
„Baupolizei Acten" beim Bauaufsichtsamt der Stadt Bonn
Sie beginnen erst mit dem 4. Viertel des 19. Jahrhunderts. Geordnet nach Straßen und Hausnummern, enthalten sie:

- Antrag auf Baugenehmigung,
- Grund- und Aufrisse, Lagezeichnung,
- Datum der Rohbauabnahme und Endabnahme
- Überwachungsnotizen den Baufortgang betreffend,
- Aufforderung zur Abstellung von Mängeln,
- Umbauten, bauliche Änderungen, Anbringen von Reklame u. a. m.
- Beschwerden

Die Akten sind teilweise in sich unvollständig, auch sind nicht alle Hausnummern vorhanden – diese Lücken sind jedoch gering.
Vereinzelte Akten stammen aus den 1840er Jahren. Die Akten abgebrochener Gebäude werden vom Bauaufsichtsamt an das Stadtarchiv abgegeben.

9. **[1890/93]**
Ohne Titel, umfaßt die Gemarkung Poppelsdorf mit Parzellierung (im Nordwesten vor der Anatomie und in der Mitte Beringstr. abgeschnitten) sowie den Ortskern Kessenich. Von Hand mit Bleistift: „M. 1 : 2 500, um 1908-1910." Schwarz-weiß-Druck.
Stadtarchiv Bonn Cd 200
Die Überprüfung anhand eines aus 47 datierten Bauten bestehenden Prüfbogens ergab den terminus post quem 1890 (dargestellt: Wesselbahn von 1890, Marienhospital von 1890/92 u. a.), den terminus ante quem 1893 (nicht dargestellt: Jagdwegverlängerung von 1893, Argelanderstr. Nr. 7 von 1894, Rathaus von 1895/96 u. a.). Der Plan gibt also den Zustand der Bebauung zwischen 1890 und 1893 wieder.

10. **[1908]**
Ohne Titel, umfaßt die Gemarkung Poppelsdorf (ohne Grenze), mit Parzellierung, von Hand: „vor 1912" (M. 1 : 5 000). Mehrfarbiger Druck, vermutlich bei Rübsamen, Stuttgart[29], ansprechende Karte (Ausführung wie Nr. 11b).
Stadtarchiv Bonn Cd 210
Abgebildet in v. der Dollen, Quellen, Abb. 83
Die Überprüfung anhand des Prüfbogens ergab den terminus post quem 1907 (dargestellt: Beringstr. Nr. 26 von 1907, Rohbauabnahme 1906; Nr. 28 von 1908, Rohbauabnahme 1907, Februar; Bezeichnung „Verwaltungsstelle Bonn-West" nach 1904 u. a.), den terminus ante

quem Ende 1908 (nicht dargestellt: Abbruch der Sternenburg von 1908; Ende[30]; Geologisches Institut von 1909). Daß die Verbreiterung des Jagdweges von 1903-04 unberücksichtigt blieb, zeigt eine Lücke, die sich in dem kurzen Zeitraum nicht schließen ließ. Plan 11b (1912) hat das bereits nachgeholt. Plan 10 gibt also den Zustand der Bebauung zwischen 1907 und dem Jahresende 1908 wieder. Es ist anzunehmen, daß es sich um die Bearbeitung aufgrund des 1908 erneuerten Katasters handelt[31].

11.a) **1912 März**
„Vermessungsamt der Stadt Bonn, März 1912", Maßstab 1 : 2 500, Druck von Carl Georgi, Bonn. In: „Atlas für Bonn", Bl. 9 u. 10. Mehrfarbig, ansprechende Karte.
Vermessungsamt Bonn, eingesehen im Sept. 1966, im März 1979 nicht mehr vorhanden.
Die 1908 abgerissene Sternenburg ist noch dargestellt, obwohl auf ihrem Gelände bereits die Blumenstraße projektiert ist.

11.b) **1912 Oktober**
„Vermessungsamt der Stadt Bonn, Oktober 1912, Blatt II, Maßstab 1 : 5 000. Verkleinerung, Stich und Druck von Wilh. C. Rübsamen, Stuttgart". Mehrfarbig, mit Parzellierung, entsprechende Karte.
Stadtarchiv Cd 210

12.a) **(1926)**
Ohne Titel, unterer Blattrand abgeschnitten, von Hand auf rechtem Seitenrand in schwarzer Tusche: 1 : 5 000, 1926. Nachträge in schwarzer Tusche, desgleichen Höhenlinien. Es handelt sich um den fortgeführten Plan 11 b von 1912.

12.b) **1927 November**
„Gemeinde Poppelsdorf November 1927", In: (Atlas) „Plan der Stadtgemeinde Bonn. Bearbeitet vom Städtischen Vermessungsamt unter der Leitung des Stadtgeometers Carl Strinz. Im Maßstab 1 : 2 500 o. J.
Vermessungsamt Bonn, eingesehen im Sept. 1966, im März 1979 nicht mehr vorhanden.

13. **1934/35**
„Planblatt 2, 6 Blatt Gemarkung Poppelsdorf Nr. 22, Kreis Bonn-Stadt, Maßstab 1 : 500. Kartiert von Mai 1934 – August 1935 durch die Katastertechniker Ehlert und Potthast.
Katasteramtsarchiv Bonn
Schwarz-weiß-Druck, mit Flurnamen und Parzellierung, alle Linien von gleicher Stärke, von den Häusern teilweise nur Fronten eingemessen, keine Hausnummern, nur Grundstücksnummern, so daß Bebauung nicht immer ganz klar ersichtlich.

14. **1946/48**
Blatt I: (ohne Titel) Südteil der Gemarkung Poppelsdorf, „(Vermessungsamt der Stadt Bonn 1927) [durchgestrichen, von Hand darüber:] Stadtvermessungsamt Bonn, Ergänzung 1931, 1 : 2 500, Druck von Wilh. Rübsamen GmbH Stuttgart", Lichtpause auf Transparentpapier mit Zusätzen von späterer Hand.
Blatt 2: (ohne Titel und Maßstab) Nordteil der Gemarkung Poppelsdorf [1 : 2 500], Druck wie Blatt 1.
Vermessungsamt Bonn
Beide Blätter mit Parzellierung. Nach Aussage von Herrn Günter Fischer, Vermessungsamt Bonn, sind beide Blätter von ihm selbst (seit 1944 im Amt) bis 1946 einschließlich vervollständigt worden. Das ist einer der wenigen Fälle, in dem Pläne mit Fortführungsvermerken, von denen schon Strinz (1912) spricht[32], auffindbar bzw. zugänglich waren. Nach der unterdessen erfolgten Archivierung und Registrierung des Planbestandes im Vermessungsamt Bonn sind diese Pläne umnumeriert (Blatt I = 9, Blatt 2 = 10) und auf 1948 datiert worden. Danach richtet sich die Periodengrenze unserer Karten. Für das Gebiet im Nordosten unserer Karte I wurde Blatt 11 (1948) herangezogen.

15. **1951 – 1967**
„Katasterplankarte 1 : 2 500 (40-cm-Karte), Bonn, Poppelsdorf." Landesvermessungsamt NRW. Herausgegeben 1951, topographische Arbeiten 1950.
Vermessungsamt Bonn
Graudruck. Die Katasterplankarte eignet sich wegen ihrer Genauigkeit und Überschaubarkeit gut als Arbeitsgrundlage für Planer, Geographen und Historiker, wenn die Bearbeitung eines Stadtteiles ansteht. Wie oben ausgeführt, dient sie als Vorlage für die Herstellung der Deutschen Grundkarte 1 : 5 000. 1951 erschien der erste Grundriß der Katasterplankarte, später nur noch mit „Arbeitsblatt 1 : 2 500 der Deutschen Grundkarte" bezeichnet. Im Vermessungsamt Bonn sind die unten aufgezählten Folgeausgaben zugänglich gewesen:

Ausgabe 1953	erste Höhenkarte (gedruckt)
Ausgabe 1957	berichtigt 1957 (gedruckt)
Ausgabe 1960	letzte Nachträge 1959 (gedruckt)
Ausgabe 1967	berichtigt 1966 (nur als Lichtpause)

16. **1957/1977**
„Luftbildplan 1 : 5 000", hsg. vom Landesvermessungsamt NRW 1957 ff., Entzerrungsgrundlage Deutsche Grundkarte.
Landesvermessungsamt Bonn-Bad Godesberg
Bild 4/1
Mit dem Lufbildplan erhalten wir eine völlig neue topographische Quelle. Sie vermittelt neben längen- und winkelgetreuer sowie maßstabsgerechter Wiedergabe einen Einblick in gewisse Aufrißgegebenheiten, Bewachsung und andere relativ schnell veränderliche topographische Tatbestände, die eine herkömmliche Kartensignatur in der Regel nicht bewältigen kann. Durch die schnellere Aufnahmemöglichkeit (heute durch Orthophoto ohne Entzerrungszwischenstufe) sind Veränderungen im Ortsbild kontinuierlich und zuverlässig erfaßbar. Bei der Interpretation müssen Lufbildplan und Plankarte zusammen herangezogen werden.

Karten der staatlichen Landesaufnahme im Bereich Bonn-Poppelsdorf

Die gedruckten amtlichen Übersichten des Reichsamtes für Landesaufnahme Berlin (1920 und 1931)[33] geben nur die jeweils letzte Berichtigung an, liefern also schon für die Erscheinungsjahre keine vollständige Chronologie. In der Bundesforschungsanstalt für Landeskunde und Raumordnung, Bonn-Bad Godesberg sind die Blattausgaben „Bonn" von 1845 bis 1961 gesammelt worden. Nur diese Dokumentation ermöglicht uns den gewünschten Überblick.

1807-09	1. topographische Landesaufnahme von Tranchot, 1 : 20 000 (s. o. Quelle Nr. 3)	
1845	2. topographische Landesaufnahme: „Preußisches Urmeßtischblatt". 1 : 25 000. „Grad. Abteilung 51/50 der Breite, 24°/25°° der Länge, Bande VIII, Blatt 5. Aufgenommen und gezeichnet im Jahre 1845 von Zimmermann, Sec. Lieut., 21. Inf. Rgt." Original Staatsbibliothek Berlin (Ost) Signat. N 729, hier: Photokopie in Bundesforschungsanstalt f. Landeskunde Bonn-Bad Godesberg, Lichtpause erhältlich im Landesvermessungsamt Bonn-Bad Godesberg. Ausschnitt Bonn (mit Popp.) reproduziert in Rheinisch. Städteatlas – Bonn (I-6-1972) Tafel 5	
1895	3. topographische Landesaufnahme: Meßtischblatt 1 : 25 000	Nr. 3035
1895	1910 berichtigt	Nr. 3035
1895	1914 Auflagedruck	Nr. 3035
1895	(1925 Zusätze)	Nr. 3035
1895	1926 berichtigt, einzelne Nachträge 1927	Nr. 3035
1895	1926 berichtigt, einzelne Nachträge 1933	Nr. 3035
1895	1941 Ausgabe	TK Nr. 5208
1895	1942 Ausgabe	TK Nr. 5208
1895	1952 Ausgabe	TK Nr. 5208
1895	1954 Ausgabe	TK Nr. 5208
1895	1957 Ausgabe	TK Nr. 5208
1895	1959 Ausgabe	TK Nr. 5208
1895	1961 Ausgabe (desgl. mehrfarbig)	TK Nr. 5208
1952	4. topographische Landesaufnahme: TK Nr. 5208 / 29 Deutsche Grundkarte 1 : 5 000	
1952	1960 Ausgabe	TK Nr. 5208 / 29 (vgl. Quelle Nr. 15
1952	1967 Ausgabe	TK Nr. 5208 / 29

Anmerkungen zum Teil 5. Die kartographischen Quellen

1 vgl. Ennen, Geschichte Bonn, S. 223
2 freundliche Mitteilung von Herrn Gebhard Aders, Stadtarch. Köln-Porz, vgl. auch Aders, Bonn als Festung, S. 98 ff.
3 Mittelsten Schee, Festung Bonn, Taf. 3
4 vgl. die beiden Ansichten bei Kalnein, Schloß Popp., Abb. 51 u. 52: Schloß um 1580 aus Halbperspektive, Kupferstich vermutlich von J. E. Löffler, Köln; Schloß im Plan von Bonn 1588 (Vogelschau) von G. Stempel. Letzterer zeigt im NO der Vorburg keinen Wassergraben. (Stempel-Plan veröff. im: Rheinischer Städteatlas (I-6-1972) Bonn Taf. 1)
5 Dietz, Topographie, S. 173
6 Kalnein, Schloß Poppelsdorf, S. 33
7 Ennen, Geschichte Bonn, S. 77
8 Dietz, Topographie, S. 173
9 Kalnein, Schloß Poppelsdorf, S. 48 ff.
10 Für die Überlassung der Photokopie möchte ich Herrn Gebhard Aders, Stadtarch. Bonn an dieser Stelle ausdrücklich danken.
11 Theatrum Europaeum, Frankfurt/M. 1698, Bd. 13, S. 738
12 Hauptstaatsarchiv Düsseldorf, Akten Kurköln IV, Nr. 5025
13 s. unter Quelle Nr. 1 c
14 so Heinr. Müller-Miny, Beitrag zur Auswertung der Tranchot-Müfflingschen Landesaufnahme Rheinischer Gebiete, Rhein. Vj. bll. 31, 1966/67 S. 395
15 Die Obere Mühle lag auf dem Gelände des heutigen Verkehrskindergartens (am Schwimmbad) im Melbtal. Ursprünglich im Besitz des Cassiusstiftes (vgl. F. Hauptmann, Die beiden Mühlen in Poppelsdorf, Rhein. Gesch. bll, VI, 1901/02, S. 80-84), gelangte sie – ebenso wie die Untere Mühle – zu Ende des 18. Jahrhunderts nach vorheriger Erbpacht in kurfürstl. Besitz. Die Teiche wurden für die Wasserspiele im Schloßpark benötigt. 1805 erwarb der Fayencefabrikant Rosenkranz die Mühle, der sie zum Mahlen der Clasurmasse einrichtete. 1826 hat sie noch bestanden (Hauptmann, s. Anm. 18), um die Jahrhundertmitte wurde sie stillgelegt; sie verfiel und wurde abgerissen. Im Katasterplan von 1861 (s. Nr. 6a) ist sie nicht mehr verzeichnet.
16 Lücker, Poppelsdorf, S. 80
17 [G. Lang], Reise auf dem Rhein, II. Teil, Koblenz 1790, S. 214
18 Nach dem Subhastationspatent bei F. Hauptmann, Die Geschichte der Familie Wessel, I. Teil, Bonn 1901, S. 34 ff.
19 s. Bild 1.
[spiegelbildliche Überschrift] Vue du Chateau de Poppelsdorf./Collection des Prospects.
[Bildunterschrift] Prospect des Churfürstlich Cöllnischen Lustschlosses Poppelsdorff bey Bonn am Rhein. Se vend á Augsbourg au Negoce cons. de l'Académie Imperiale d'Empire des Arts libéraux avec Privilège de Sa Majesté Imperiale et avec Défense ni d'en faire ni de vendre les copies.
Gravé par Balth. Fréderic Leizel. Von Kalnein, Abb. 144 auf ca. 1752 datiert. Der Stich gehört zu einer Serie von Guckkastenbildern, die alle Bonn und Umgebung darstellen (Städtische Kunstsammlungen Bonn). Die meisten dieser Ansichten weisen die Signa von Hofmaler F. J. Rousseaux als Zeichner und B. F. Leizel als Stecher auf. Der vorliegende Stich von Poppelsdorf kann deshalb wahrscheinlich Rousseaux zugeschrieben werden.
20 vgl. Walter Schulten, Die Heilige Stiege auf dem Kreuzberg zu Bonn, Düsseldorf 1964, S. 20 f.
21 vgl. Herbert Louis, Die Karte als wissenschaftliche Ausdrucksform, In: Verhandlungen des Deutschen Geographentages 31 (1957), Wiesbaden 1958, S. 243 – 259
22 s.o.S.
23 vgl. Tabelle 1
24 Paul Clemen, Die Kunstdenkmäler der Stadt und des Kreises Bonn, Düsseldorf 1905 (Die Kunstdenkmäler der Rheinprovinz 5, Bd. III), S. 238
25 Volmar, Plan- u. Kartenwerk, S. 8
26 Im folgenden beziehen sich alle Angaben zu Wohnhäusern auf die Baupolizeiakten (Quelle Nr. 8), Angaben zu größeren Gebäuden auf Lücker, Poppelsdorf – soweit nicht anders kenntlich gemacht.
27 Clemen, Kunstdenkmäler, S. 245 f.
28 Strinz, Vermessungswesen, S. 164
29 ders., S. 169
30 „Sternenburg – um Abriß und Erhaltung", Zettelkonvolut mit Zeitungsausschnitten und Korrespondenz, 2 Grundrisse (nach 1904) Stadtarch. Bonn Ie 499
31 vgl. Strinz, Vermessungswesen, S. 165 u. 169; Volmar, Plan- und Kartenwerk, S. 10
32 Strinz, Vermessungswesen, S. 169
33 Karten und wissenschaftliche Veröffentlichung der Landesaufnahme, Berlin 1920; Das Reichsamt für Landesaufnahme und seine Kartenwerke, Berlin 1931

Mehrfach zitierte Literatur

Die kursiv gesetzten Wörter geben den zitierten Kurztitel an.

Aders, Gebhard: *Bonn als Festung.* Ein Beitrag zur Topographie der Stadt und zur Geschichte ihrer Belagerungen, Bonn 1973 (Veröffentlichungen des Stadtarchivs Bonn, Bd. 12)

Braubach, Max: Von den *Schloßbauten* und Sammlungen der kölnischen Kurfürsten des 18. Jahrhunderts Lesefrüchte aus politischen Akten. In: Annalen des historischen Vereins für den Niederrhein, 153/154, 1953, S. 98-147

Clemen, Paul: Die *Kunstdenkmäler* der Stadt und des Kreises *Bonn,* Düsseldorf 1905 (Die Kunstdenkmäler der Rheinprovinz, 5 Bd. III)

Dietz, Josef: *Topographie* der Stadt Bonn vom Mittelalter bis zum Ende der kurfürstlichen Zeit, 2 Teile, Bonn 1962 und 1963 (Bonner Geschichtsblätter 16 u. 17)

Departement-Handbuch 1808: Handbuch für die Landleute vom Rhein- und Mosel-Departement für das Jahr 1808, Koblenz (1808)

von der Dollen, Busso: Bonn-Poppelsdorf. *Quellen* zur kartographischen Darstellung seines Wachstums von 1702-1967, In: Edith Ennen und Dietrich Höroldt (Hsgg.), Aus Geschichte und Volkskunde von Stadt und Raum Bonn – Festschrift Josef Dietz, Bonn 1973 (Veröffentlichungen des Stadtarchivs Bonn, Bd. 10) S. 187-212

von der Dollen, Busso: *Vorortbildung und Residenzfunktion.* Eine Studie zu den vorindustriellen Stadt-Umland-Beziehungen. Dargestellt am Beispiel Bonn-Poppelsdorf, Bonn 1978 (Veröffentlichungen des Stadtarchivs Bonn, Bd. 20)

Ennen, Edith: *Geschichte* der Stadt *Bonn,* II. Teil, (bis zum Ende der kurfürstlichen Zeit), Bonn 1962

Ennen, Edith und Höroldt, Dietrich: *Vom Römerkastell* zur Bundeshauptstadt. Kleine Geschichte der Stadt Bonn, 3., neubearb. u. erweit. Aufl., Bonn 1976

Giesen, K. (Hsg.:) Aus der *Heimatgeschichte* von Poppelsdorf, Beiträge zur Geschichte eines Bonner Vorortes, Bonn 1976

Höroldt, Dietrich: Die *Bonner Raumordnung* in historischer Sicht, In: Bonner Geschichtsblätter 24, 1971. S. 9-37

Höroldt, Dietrich: Das Stift *St. Cassius* zu Bonn von den Anfängen bis zum Jahre 1580, Bonn 1957 (Bonner Geschichtsblätter, Bd. 11)

Kalnein, Wend Graf: Das kurfürstliche *Schloß* Clemensruhe in *Poppelsdorf.* Ein Beitrag zu den deutsch-französischen Beziehungen im 18. Jahrhundert, Düsseldorf 1956 (Bonner Beiträge zur Kunstwissenschaft, Bd. 4)

Lücker, Heinrich: Die *Bürgermeisterei Poppelsdorf* im Jahre 1904. Bericht über den Stand und die Verwaltung der Gemeindeangelegenheiten zur Zeit der Auflösung der Bürgermeisterei unter Berücksichtigung ihrer Entwicklung in preußischer Zeit, Im Auftrag des Bürgermeistereirates erstattet von H.L., Erster Beigeordneter, Verweser des Bürgermeistereiamtes, Bonn 1904

Mittelsten Schee, Hermann: Das Ende der *Festung Bonn,* In: Bonner Geschichtsblätter 2, 1938, S. 1-113

Planungskonzept Poppelsdorf '72, hsg. vom Planungs- und Presseamt der Stadt Bonn, Bearbeiter Kurt Willems, Bonn 1972

Rahmenplanung Poppelsdorf: Stadt Bonn, Rahmenplanung Poppelsdorf, hsg. vom Stadtplanungsamt Bonn, Bonn 1979 (Mai)

Rheinischer Antiquarius: Christian von Stramberg: Das Rheinufer von Coblenz bis Bonn, historisch und tropographisch dargestellt, 11. und 12. Bd., Coblenz 1865/66 (Rheinischer Antiquarius 3. Abt.)

Untersuchungsbericht: Bericht über die Untersuchungen zur städtebaulichen und sozialen Struktur im Bereich des förmlich festgelegten Sanierungsgebietes „Ortskern Poppelsdorf" in Bonn, Projektbearbeitung Juni 1973 – Februar 1974 durch das Institut für Bodenordnung Neue Heimat, Essen, Leitung Prof. Dr.-Ing. Bonczek, Projektleiter O. Faßbinder, Projektbearbeiter H. van der Wurp

Volmar, Paul: Das Plan- und Kartenwerk der Stadt Bonn, hsg. von der Bauverwaltung der Stadt Bonn, Bonn 1954

Weisser, Michael: Die Poppelsdorfer *Faience Fabrique.* Monographie des feinkeramischen Betriebes von 1755 bis 1840, In: Bonner Geschichtsblätter 28, 1976, S. 37-68

Abkürzungen

A.	Anfang
f./ff.	folgend / folgende
Hsg.	Herausgeber
Jahrbb.	Jahrbücher
Jh.	Jahrhundert
Rhein.Vj.Bll.	Rheinische Vierteljahrsblätter
St.Arch.	Stadtarchiv

Geänderte Straßennamen im bearbeiteten Blattbereich (seit 1967, Stand 1.1.1979)

alter Name	*neuer Name*
Am Weiher	Am Poppelsdorfer Weiher
Blumenstr.	zur Kirschallee
Klosterweg	Hospitalweg Am Marienhospital
Landgrabenweg	Carl-Troll-Straße
Marienstr.	zur Prinz-Albert-Straße
Moltkestr.	zur Weberstr.
Roonplatz Roonstr.	Wilhelm-Levision-Straße
Zeppelinstr.	Robert-Koch-Straße

1967 noch nicht vorhandene Straßen und Plätze:

Pfarrer-Hürth-Straße
Poppelsdorfer Platz
Rudolf-Stöcker-Weg

Nachweise zu Karte III

Lage der Gemarkung Poppelsdorf im Stadtgebiet Bonn, 1 : 50 000. *Gemarkungsgrenzen* nach Unterlagen im Vermessungsamt Bonn. *Stand der Bebauung* 1904 nach Ennen/Höroldt, Vom Römerkastell zur Bundeshauptstadt, Abb. 53 (S. 251) „Bebauung und Kommunalgrenzen bei der Eingemeindung 1904", Entwurfszeichnung 1 : 50 000 im Vermessungsamt Bonn. (Für die Beschaffung der Unterlagen darf ich Herrn Fischer an dieser Stelle sehr herzlich danken.)

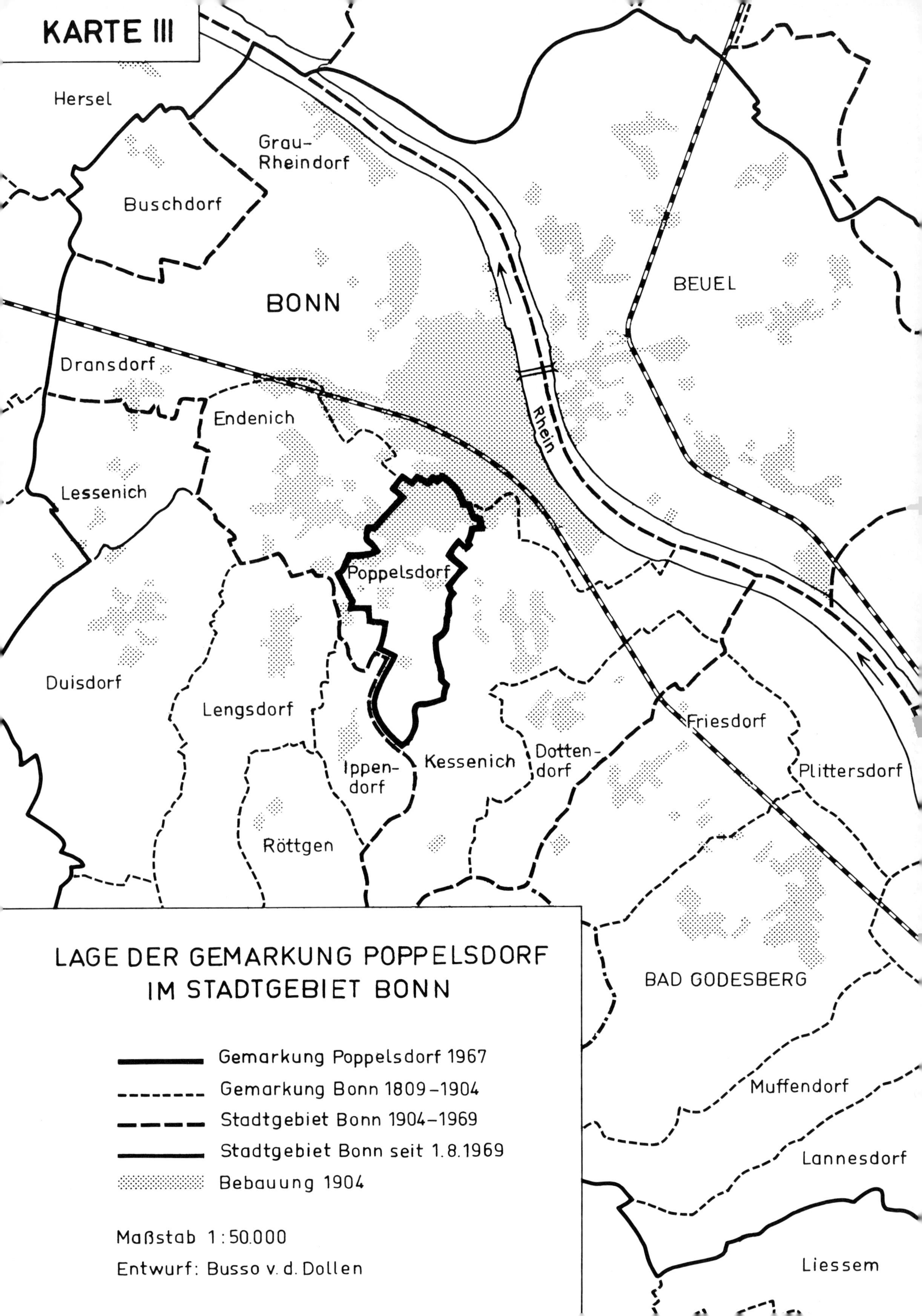
KARTE III
Hersel
Grau-
Rheindorf
Buschdorf
BONN
BEUEL
Dransdorf
Endenich
Rhein
Lessenich
Poppelsdorf
Duisdorf
Lengsdorf
Friesdorf
Ippen-
dorf
Kessenich
Dotten-
dorf
Plittersdorf
Röttgen
LAGE DER GEMARKUNG POPPELSDORF
IM STADTGEBIET BONN
Gemarkung Poppelsdorf 1967
Gemarkung Bonn 1809–1904
Stadtgebiet Bonn 1904–1969
Stadtgebiet Bonn seit 1.8.1969
Bebauung 1904
Maßstab 1:50.000
Entwurf: Busso v. d. Dollen
BAD GODESBERG
Muffendorf
Lannesdorf
Liessem

Bevölkerungs- und Sozialstruktur im Ortskern Poppelsdorf 1969/74

(unter besonderer Berücksichtigung der Mehrpersonenhaushalte)

von RONALD WUNSCH

Übersicht

1. Fragestellung

1. In der vorliegenden Untersuchung soll die Bevölkerungs- und Sozialstruktur von 1969 und 1974 für einige Straßen im Ortskern von Bonn-Poppelsdorf dargestellt werden. Grundlage für diese Untersuchung ist die Staatsarbeit des Verfassers aus dem Jahre 1975 mit dem Thema: „Bevölkerungs- und Sozialstruktur in Bonn-Poppelsdorf – eine geographische Analyse der Mehrpersonenhaushalte 1969 und 1974".
Ziel dieser Untersuchung soll die kleinräumliche Darstellung sozialer Gruppen und ihre Raumbezogenheit sein. Quellenmaterial für die Untersuchung sind die Adrema-(Adressiermaschinen-) Karten der Stadt Bonn für 1969 und 1974 mit folgenden Angaben: Name, Vorname, Geschlecht, Geburtsdatum, Beruf, Nationalität, Berufszugehörigkeit, Familienstand, Zahl der Kinder, Haushaltsvorstand ja oder nein, Geburtsort, wohnhaft in Bonn seit ... Diese Angaben wurden der Übersichtlichkeit wegen in Listen übertragen, aus denen die für die jeweiligen Einzelanalysen notwendigen Daten genommen wurden.

Grundlage dieser Untersuchung sind in erster Linie die Mehrpersonenhaushalte. Daher ist im folgenden zu beachten, ob auf die Mehrpersonenhaushalte oder auf alle Personen des Untersuchungsgebietes bezug genommen wird.
Die Analyse der Mehrpersonenhaushalte ist für diese Untersuchung signifikant, denn gerade bei den Mehrpersonenhaushalten wird der Einwohnerverlust und die Umstrukturierung im Untersuchungsgebiet deutlich
(1969 : 1826 E.
1974 : 1438 E.),
und in der Haushaltstypologie (nach Zapf) werden die Mehrpersonenhaushalte sehr differenziert analysiert und dargestellt.

2. Bevölkerungsstruktur

2.1 Bonn hatte nach der Eingemeindung am 31.12.1969 299.376 Einwohner[1]; im UG. lebten 1969 2.431 Einwohner, das sind etwa 0,8% der Gesamteinwohnerzahl. Zu den MPH des UG gehören 1.826 Personen.

2.2 Unter dem Begriff „Haushalt"[2] soll die kleinste Gruppe, in der Menschen zusammen leben und zusammen wirtschaften, verstanden werden. Ein Haushalt kann aber auch von einer Einzelperson gebildet werden, die für sich alleine lebt und wirtschaftet. Die folgende Tabelle verdeutlicht die Verteilung aller Haushalte auf die verschiedenen Haushaltsgrößen für Bonn und das UG.

Tabelle I: Die verschiedenen Haushaltsgrößen in Bonn 1970 und im UG 1969.

Größe des Haushaltes	Zahl der Haushalte in Bonn 1970[3] absolut	%	UG. 1969 absolut	%
1 Personenhaushalt	37.897	33,8	595	47,8
2 PH	30.268	27,0	334	26,9
3 PH	20.063	17,9	175	14,1
4 PH	14.370	12,8	86	6,9
5 und Mehr- PH	9.378	8,5	54	4,3
insgesamt	111.976	100,0	1.244	100,0

1 Statistisches Jahrbuch NRW. 13. Jahrgang. 1970
2 Bevölkerungswachstum und Entwicklung in der BRD. Schriftenreihe des Bundesministerium des Innern. Bd. 3. 1973
3 siehe 1

Aus dieser Tabelle geht hervor, daß der Anteil der Drei- und Mehrpersonenhaushalte des UG. weit unter dem liegt, der für Bonn ermittelt wurde. Dagegen sind die Einpersonenhaushalte im UG. stark überrepräsentiert. Die Abnahme der Haushaltsgrößen im Vergleich zwischen Bonn und dem UG. kommt auch in der Zahl der durchschnittlichen Haushaltsgröße zum Ausdruck. Für Bonn liegt sie 1970 bei 2,4, für das UG. 1969 bei 1,9 Personen.

2.3 Bei der Analyse der Größe der Haushalte wurde nur ein Haushaltsmerkmal berücksichtigt, nämlich die Größe. Zapf[4] hat nun die Privathaushalte nicht nur der Größe nach typisiert, sondern auch das Alter der Haushaltsmitglieder in die Analyse hineingenommen. Dabei hat sie 5 Phasen unterschieden:

Phase I (Gründung)
A Junger Einpersonenhaushalt (unter 35 Jahre)
B Junger Zweipersonenhaushalt (beide unter 35 Jahre)

Phase II (Expansion)
C Kleiner Haushalt mit kleinen Kindern (1-2 Erwachsene, bis zu 2 Kindern, beide unter 7 Jahre)
D Kleiner Haushalt mit größeren Kindern (1-2 Erwachsene, bis zu 2 Kindern, mindestens eines 7 Jahre oder älter)
E Großer Haushalt mit kleinen Kindern (mindestens 5 Personen, darunter mindestens 2 Kinder zwischen 7 und 18 Jahre)

Phase III (Konsolidierung)
F Großer Haushalt nur mit größeren Kindern (mindestens 5 Personen, kein Kind unter 7 Jahre)
G Erwachsenenhaushalt mit einem Kind (3 und mehr Erwachsene und ein Kind unter 18 Jahre)
H Reiner Erwachsenenhaushalt (3 und mehr Erwachsene)

Phase IV (Stagnation)
I Zweipersonenhaushalt mittleren Alters (zwischen 35 und 59 Jahre)
K Einpersonenhaushalt mittleren Alters

Phase V (Alter)
L Älterer Zweipersonenhaushalt (mindestens einer ist 60 oder älter)
M älterer Einpersonenhaushalt

4 Zapf, Katrin: Rückständige Viertel. Eine soziologische Analyse der städtebaulichen Sanierung in der BRD. Frankfurt. 1969. S. 147

Für das UG. ergibt sich folgendes:

Tabelle II: Haushaltstypologie (nach Zapf), prozentualer Anteil der verschiedenen Phasen im UG. 1969

Phase	prozentualer Anteil
I	17,1
II	15,2
III	10,9
IV	18,4
V	38,4
	100,0

Auffallend ist hier der sehr hohe Anteil des Typs V (Alter), was durch den Altersaufbau der Bevölkerung im UG. im folgenden Kapitel untermauert wird.

2.4 Bei der Gliederung der Bevölkerung nach den verschiedenen Alterstypen ergibt sich folgendes Bild:

Tabelle III: Altersaufbau der Bevölkerung in Bonn und im UG. 1969

Alter	prozentualer Anteil der Personen in den einzelnen Altersstufen an allen Personen Bonn 1970[5]	UG. 1969
unter 6	9,5	6,3
6-14	13,7	9,4
15-64	63,6	64,4
65 u. älter	13,2	19,9
15-44	40,9	39,2
45-64	22,7	25,2

Die Tabelle verdeutlicht, daß im UG. die Zahl der unter 15 jährigen weit unter dem Durchschnitt liegt; bei den über 65 jährigen ist es umgekehrt, hier liegt die Zahl weit über dem für Bonn ermittelten Durchschnitt. Das UG. ist also überaltert.

5 Bevölkerungswachstum und Entwicklung in der BRD. Bd. 3. 1973. S. 12

Zur Graphik „Haushaltstypologie" läßt sich zusammenfassend feststellen:
a) Der Typ „Alter" ist im UG. sehr stark vertreten, nimmt aber bis 1974 ab.
b) Der Typ „Stagnation" liegt relativ hoch und nimmt zu.
c) Der Typ „Konsolidierung" liegt von allen am niedrigsten und nimmt weiter ab.
d) Der Typ „Expansion" bleibt konstant.
e) Der Typ „Gründung" liegt 1974 an 2. Stelle und ist seit 1969 sehr stark angewachsen.

3. Bevölkerungsstruktur der Ausländer

3.1 der Begriff „Ausländer" ist im BGBl. I, S. 353 (Ausländergesetz) vom 28. 04. 1965 folgendermaßen definiert:
Ausländer sind „alle Personen, die nicht Deutsche im Sinne des Artikels 116 Abs. 1 GG sind. Dazu zählen – neben den Personen mit nur fremder Staatsangehörigkeit – auch die Staatenlosen und Personen mit ‚ungeklärter' Staatsangehörigkeit". 1969 lebten im UG.196 Ausländer, die Gesamtzahl der Einwohner lag bei 2 431; der Ausländeranteil betrug also 8,1 %. In Bonn wohnten 1969 11 477 Ausländer, das sind 3,8 % der Gesamtbevölkerung

3.2 die Staatsangehörigkeit der Ausländer im UG. verteilte sich zu etwa 2/3 auf folgende Nationen:

Tabelle IV: Staatsangehörigkeit der Ausländer im UG. 1969 in absoluten Zahlen

Staat	Anzahl
Griechenland	32
Spanien	28
Jugoslawien	22
Türkei	18
Italien	16
Marokko	3
Vereinigte Arabische Republik	3
USA	3

Das übrige Drittel wird von etwa 40 Nationen gestellt. Da

sie im UG. 2 oder weniger Personen einer Nation stellen, sind sie hier nicht berücksichtigt worden.

3.3 Auskunft über den Familienstand der Ausländer gibt

Tabelle V:

Familienstand der Ausländer im UG. 1969	prozentualer Anteil
ledig	42,5
verheiratet, Partner leben getrennt	20,6
verheiratet	22,4
ledig (Kinder)	11,7
verwitwet, geschieden	2,8
	100,0

3.4 1969 kamen auf 100 Männer 53,5 Frauen. Der sehr hohe Männeranteil liegt darin begründet, daß in überwiegender Zahl Männer ins Ausland gehen, da es im eigenen Land oft keine ausreichende Arbeitsmöglichkeit gibt oder die Bezahlung sehr schlecht ist.

3.5 Die Altersstruktur der Ausländer hat einen völlig anderen Aufbau als die der Gesamtbevölkerung.

Tabelle VI: Altersaufbau der Ausländer im UG. 1969

Alter	prozentualer Anteil der Personen in den einzelnen Altersstufen an allen Personen
unter 20	18,4
21-40	67,3
41-50	7,7
über 50	6,6
	100,0

Den prozentualen Anteil der Ausländer an der Gesamtbevölkerung in den einzelnen Straßen spiegelt Tabelle VII a wieder.

Tabelle VII a: Prozentualer Anteil der Ausländer an der Gesamtbevölkerung in den Straßen des UG. 1969 und 1974 und deren Zu-/Abnahme

Straße	prozentualer Anteil der Ausländer an der Gesamtbevölkerung der Straße		prozentuale Zu- bzw. Abnahme
	1969	1974	
Landgrabenweg	–	1,5	+1,5
Am Botanischen Garten	5,8	3,4	–2,4
Clemens-August-Platz	9,7	4,8	–4,9
Wielstr.	1,4	7,7	+6,3
Kekuléstr.	3,7	8,9	+5,2
Rehfuesstr.	12,9	9,8	–3,1
Burggartenstr.	1,3	10,1	+8,8
Sternenburgstr.	6,9	15,4	+8,9
Clemens-August-Str.	13,4	20,9	+7,5
Kirschallee	5,6	22,4	+16,8
Wallfahrtsweg	1,5	22,6	+25,1
Sebastianstr.	9,2	27,1	+17,9
UG.	8,1	16,3	+8,2

1969 ist die Zahl der Ausländer, bezogen auf die Gesamtbevölkerung der einzelnen Straßen, relativ gering in der Burggartenstr., Wielstr., Wallfahrtsweg und Kekuléstraße (unter 4%); hoch liegt sie in der Sebastianstr., am Clemens-August-Platz (über 8%) und in der Clemens-August-Str. (13,4%).

1974 ist sie relativ hoch im Landgrabenweg, Am Botanischen Garten (unter 4%), am Clemens-August-Platz und in der Wielstr. (4%-8%); sehr hoch (über 20%) liegt sie in der Clemens-August-Str., Kirschallee, Wallfahrtsweg und Sebastianstr. (27,1%).

Eine Abnahme des Prozentanteils ist festzustellen am Clemens-August-Platz, Am Botanischen Garten und in der Rehfuesstraße, eine Zunahme in allen anderen Straßen. Sehr groß ist diese in der Burggartenstraße, Sternenburgstraße, Kirschallee, Wallfahrtsweg und Sebastianstraße.

3.6 Die Karten IV und V zeigen die Verteilung der Ausländer, bezogen auf die einzelnen Häuser des UG. für 1969 und 1974. Vergleicht man beide Karten, stellt man fest, daß Häuser, die 1969 von Ausländern bewohnt wurden, in den meisten Fällen auch 1974 diesen als Wohnhäusern dienten. Allerdings ist bis 1974 eine erhebliche Anzahl hinzugekommen, bedingt durch das Ansteigen der Ausländerzahl von 196 auf 361.

Auch die Anzahl der Ausländer pro Haus hat sich von 1969 bis 1974 geändert: In der Karte von 1969 finden wir nur einmal „12 und mehr Ausländer" in einem Haus (Sternenburgstr. 29), dagegen ist diese hohe Zahl 1974 relativ oft festzustellen. Hier zeigt sich deutlich die Umnutzung von Wohngebäuden, die Neubauten weichen sollen.

4. Berufsstruktur der in Mehrpersonenhaushalten lebenden Bevölkerung im Untersuchungsgebiet

4.1 Auf die einzelnen Berufsgruppen verteilt sich die Zahl der Erwerbstätigen folgendermaßen:

Tabelle VII b: prozentualer Anteil der Berufsgruppen an allen Erwerbstätigen (MPH), bezogen auf die einzelnen Straßen des UG. 1969

Straße	prozentualer Anteil an den einzelnen Berufsgruppen				
	Ar.	An.	Be.	Se.	So.[6]
Clemens-August-Straße	36,7	32,4	5,8	14,6	10,5
Sebastianstraße	52,2	19,2	4,3	7,8	16,5
Kirschallee	36,8	30,8	7,4	10,3	8,4
Sternenburgstraße	38,0	28,2	7,1	18,3	8,4
Kekuléstraße	21,6	52,9	9,5	7,8	11,8
Rehfuesstraße	42,3	26,9	3,8	15,4	11,6
Am Botan. Garten	9,4	37,6	21,8	6,2	25,0
Landgrabenweg	43,5	26,0	17,3	13,2	–
Wielstraße	8,3	33,3	29,2	4,2	25,0
Wallfahrtsweg	38,9	38,9	–	5,6	16,6
Burggartenstraße	41,3	30,4	2,2	15,2	10,9
Clemens-August-Platz	37,5	31,2	12,5	12,5	6,3
UG.	37,2	31,2	7,2	11,6	12,8

Für 1969 läßt sich folgendes feststellen: Die Zahl der Sonstigen (darunter werden diejenigen Personen gefaßt, die älter als 25 Jahre sind, keine Hausfrauen sind und nicht eine der vier anderen Kategorien zuzuordnen sind; es werden vermutlich fast ausschließlich Studenten sein) liegt relativ hoch, dies ist bei einem Vergleich zu berücksichtigen. Der Arbeiteranteil von 37,2% wird überschritten in der Sternenburgstraße, Wallfahrtsweg,

Burggartenstraße, Landgrabenweg und Sebastianstraße. Sehr niedrig liegt der Arbeiteranteil in der Kekuléstraße, Am Botanischen Garten und in der Wielstraße. Die Zahl der Angestellten ist relativ groß in der Wielstraße, Am Botanischen Garten, im Wallfahrtsweg und in der Kekuléstraße. Beamte sind relativ stark vertreten im Landgrabenweg, Am Botanischen Garten und in der Wielstraße. Die Zahl der Selbständigen liegt sehr hoch in der Clemens-August-Straße, Sternenburgstraße, Burggartenstraße und Refuesstraße.
Einzelhandel und Dienstleistungen haben sich vorwiegend in der Clemens-August-Straße und der Sternenburgstraße niedergelassen (hier war auch der alte Ortsmittelpunkt), die anderen Branchen verteilen sich in erster Linie auf die Kekuléstraße, Sebastianstraße, Landgrabenweg, Trierer Straße und Am Botanischen Garten. Auffallend ist auch eine Häufung gastronomischer Einrichtungen entlang der Clemens-August-Straße.
Weitere Einzelheiten sind der Tabelle zu entnehmen.

6 Ar.: Arbeiter; An.: Angestellte; Be.: Beamte; Se.: Selbständige; So.: Sonstige

4.2 Um das Bild abzurunden, werden die Erwerbstätigen mit den Nicht-Erwerbstätigen verglichen.

Tabelle VIII: Anteil der Erwerbstätigen und der Nicht-Erwerbstätigen an allen Personen (MPH) des UG. 1969 in Prozent

prozentualer Anteil der verschiedenen Gruppen an der Gesamtbevölkerung

	Erwerbstätige	0-14	15-25	Hausfrauen	Rentner
UG.	37,7	24,1	6,6	25,8	5,4

5. Berufsstruktur der Ausländer

Auf die Bevölkerungsstruktur der Ausländer wurde oben eingegangen; nun soll deren Berufsstruktur analysiert werden. Hierbei werden alle Ausländer berücksichtigt, nicht nur die in MPH lebenden, da deren Anteil zu gering ist, um Vergleiche durchzuführen.

Tabelle IX: prozentualer Anteil der einzelnen Berufsgruppen an allen erwerbstätigen Ausländern im UG. 1969

Berufsgruppen	Anteil der einzelnen Gruppen an allen erwerbstätigen Ausländern im UG. männlich	weiblich	zusammen
Arbeiter	58,6	15,0	73,6
Angestellte	14,9	5,8	20,7
Beamte	1,2	1,1	2,3
Selbständige	2,3	1,1	3,4
insgesamt	77,0	23,0	100,0
absolute Zahl	67	20	87

Tabelle X: Erwerbstätige und nicht erwerbstätige Ausländer 1969 im UG.

	Anteil der verschiedenen Gruppen an allen Ausländern im UG. 1969 absolut	%
Erwerbstätige	87	44,4
0-14	23	11,8
15-25	24	12,2
Hausfrauen	26	13,2
Rentner	6	3,1
Sonstige	30	15,3
insgesamt	196	100,0

Unter „Sonstige"wurden diejenigen Ausländer erfaßt, die sich nicht eindeutig einer Gruppe zuordnen ließen.

6. Zusammenfassung

Zusammenfassend läßt sich feststellen:

1. Das UG. hat in 5 Jahren 215 Einwohner verloren (1969: 2431 E., 1974:2216 E.,); das sind 8,8%. Bonn hat im gleichen Zeitraum „nur" 5,4% verloren. Betrachtet man nur die Mehrpersonenhaushalte, so beträgt der Einwohnerverlust 388 Personen, das sind 21,3%. Gründe für die Abwanderung der MPH. könnten folgende sein (nach Zapf[7]): Größere Familien sind zu längerfristigem Denken gezwungen. Sie können nicht in eine Wohnung einziehen, die bald abgerissen wird, gänzlich renoviert werden muß oder nicht über notwendige sanitäre Anlagen verfügt, was gerade für das UG. zutrifft. Einpersonenhaushalte sind mobiler, besonders wenn es sich um jüngere Leute handelt.
Daß ältere Menschen nicht mehr so mobil wie jüngere sind und daher oft in relativ alten Häusern wohnen, könnte durch mehrere Gegebenheiten erläutert werden: bei ihrem Einzug waren die Häuser noch relativ neu; mit zunehmendem Alter der Erwerbstätigen wechseln diese ihren Arbeitsplatz nur selten, so daß sie daher nicht umziehen müssen; oft reichen ihre Renten nicht für besser ausgestattete Wohnungen; durch die lange Wohndauer wurde die Verwurzelung mit ihrer Umgebung sehr intensiv (Freunde, Eltern, Kinder etc. in der Nähe), so daß man an einen Umzug nicht denken will.
Im „Untersuchungsbericht Sanierung Poppelsdorf"[8] wurden die Wohnwünsche und -vorstellungen im Falle einer Umsetzung festgestellt. Danach beabsichtigt der überwiegende Teil der Bevölkerung dort keinen Wohnungswechsel von sich aus; auch Betriebsinhaber wollen das Gebiet im Falle der Umsetzung nicht verlassen, sondern wünschen einen neuen Standort innerhalb des Gebietes.
2. Die Zahl der Einpersonenhaushalte liegt im UG. weit über der in Bonn; bei den MPH. sind die Relationen umgekehrt.
3. Die Haushaltstypologie verdeutlicht, daß im UG. die Typen „Alter", „Stagnation" und „Gründung" hoch liegen. Eine solche Verteilung ist typisch für ein Gebiet mit relativ schlechter Bausubstanz und mangelhaft ausgestatteten Wohnungen. Zapf[9] hat für das Sanierungsgebiet Berlin-Wedding ähnliche Ergebnisse festgestellt.
4. Auch der Altersaufbau unterstreicht die vorige Aussage. Typisch für ein solches Gebiet ist der hohe Anteil an über 65jährigen und der sehr niedrige Anteil der unter 14jährigen. Gründe dafür finden sich unter 1.

5. Die Zahl der Ausländer betrug im UG. 1969 8,1%, in Bonn 3,8%; der Ausländeranteil im UG. stieg steil an und erreichte 1974 16,3%. Man kann feststellen, daß die meisten Ausländer in Häusern mit schlechter Bausubstanz und mangelhafter Ausstattung leben. Diese Häuser haben einen niedrigeren Mietpreis, so daß die finanzschwachen Ausländer (meist keine Facharbeiter) dort einziehen.
Ihre Altersstruktur läßt sich folgendermaßen erklären: sie müssen ein gewisses Alter haben, bevor sie in der Bundesrepublik beschäftigt werden können (z. B. Einschränkungen bei der Jugendarbeit); wenn sie älter als 45 Jahre sind, scheinen sie wieder in ihre Heimat zu fahren.
6. Bei der Berufsstruktur stellt man fest, daß der Arbeiteranteil relativ hoch liegt; dies scheint in Zusammenhang zu stehen mit dem Alter bzw. der Ausstattung der Häuser. Angestellte wohnen vorwiegend in nach 1955 errichteten Häusern, Arbeiter in vor 1918 gebauten Häusern, die zudem noch oft sehr schlecht ausgestattet sind.
7. Typisch für die Berufsstruktur der Ausländer ist der hohe Arbeiteranteil (etwa 3/4).
8. Vergleicht man Erwerbstätige bzw. Nichterwerbstätige in bezug auf alle Personen des UG. und auf die Ausländer, läßt sich feststellen, daß die Erwerbstätigenzahl der Ausländer höher liegt. Das liegt in erster Linie daran, daß Ausländer oft ohne Familie im Ausland arbeiten und nach einiger Zeit (spätestens im Rentenalter) in ihre Heimat zurückgehen.

7 Zapf, K., Rückständige Viertel.
8 Untersuchungsbericht Sanierung Poppelsdorf. S. 33ff
9 Zapf, Rückständige Viertel. S. 150

Literatur

Bericht über die Untersuchungen zur städtebaulichen und sozialen Struktur im Bereich des förmlich festgelegten Sanierungsgebietes „Ortskern Poppelsdorf" in Bonn. hrsg. vom Institut für Bodenordnung NH in Essen. Projektbearbeitung: Juni 1973-Februar 1974.

Bobek, Hans: Über den Einbau der sozialgeographischen Betrachtungsweise in die Kulturgeographie. In: Verhandlungen des deutschen Geographentages. Bd. 33. 1962

Münke, Stephanie: Die mobile Gesellschaft. Eine Einführung in die Sozialgeographie der BRD. Stuttgart. 1967

Schaffer, Franz: Untersuchungen zur sozialgeographischen Situation und regionalen Mobilität in neuen Großwohngebieten am Beispiel Ulm-Eselsberg. In: Münchener geographische Hefte. Bd. 32. 1968

Zapf, Katrin: Rückständige Viertel. Eine soziologische Analyse der städtebaulichen Sanierung in der BRD. Frankfurt. 1969.

Bevölkerungswachstum und Entwicklung in der Bundesrepublik. Schriftenreihe des Bundesministeriums des Innern. Bd. 3. 1973

Statistisches Jahrbuch NRW. 13. Jahrgang. 1970

Die **Karte** wurde nach folgender Grundkarte gezeichnet:
Deutsche Grundkarte 1 : 5.000 (Grundriß). Arbeitsblatt 1 : 2.500. Landesvermessungsamt Nordrhein-Westfalen. Herausgegeben 1953. Berichtigt: G 8/72. Letzte Nachträge: G 7/74

Abkürzungen

Hausfr.	Hausfrauen
MPH	Mehrpersonenhaushalt
Rent.	Rentner
UG.	Untersuchungsgebiet

Verzeichnis der Tabellen

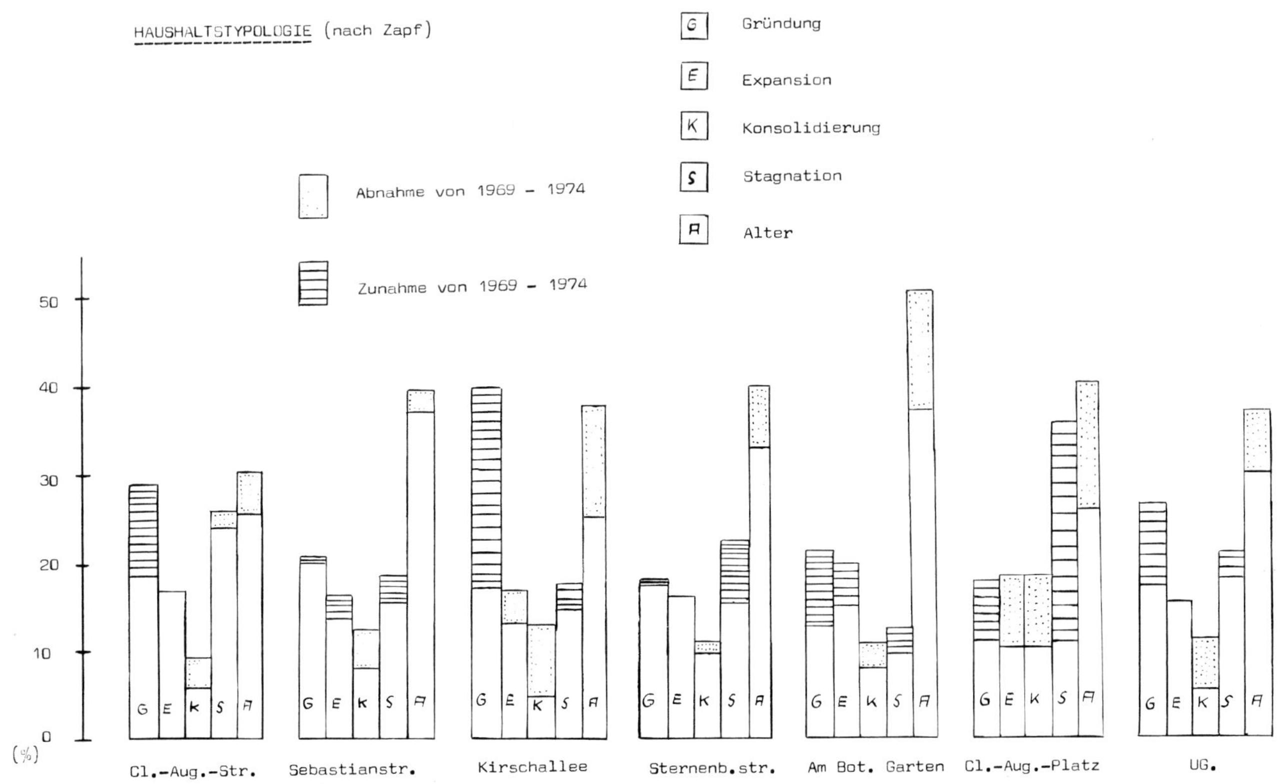

KARTE IV

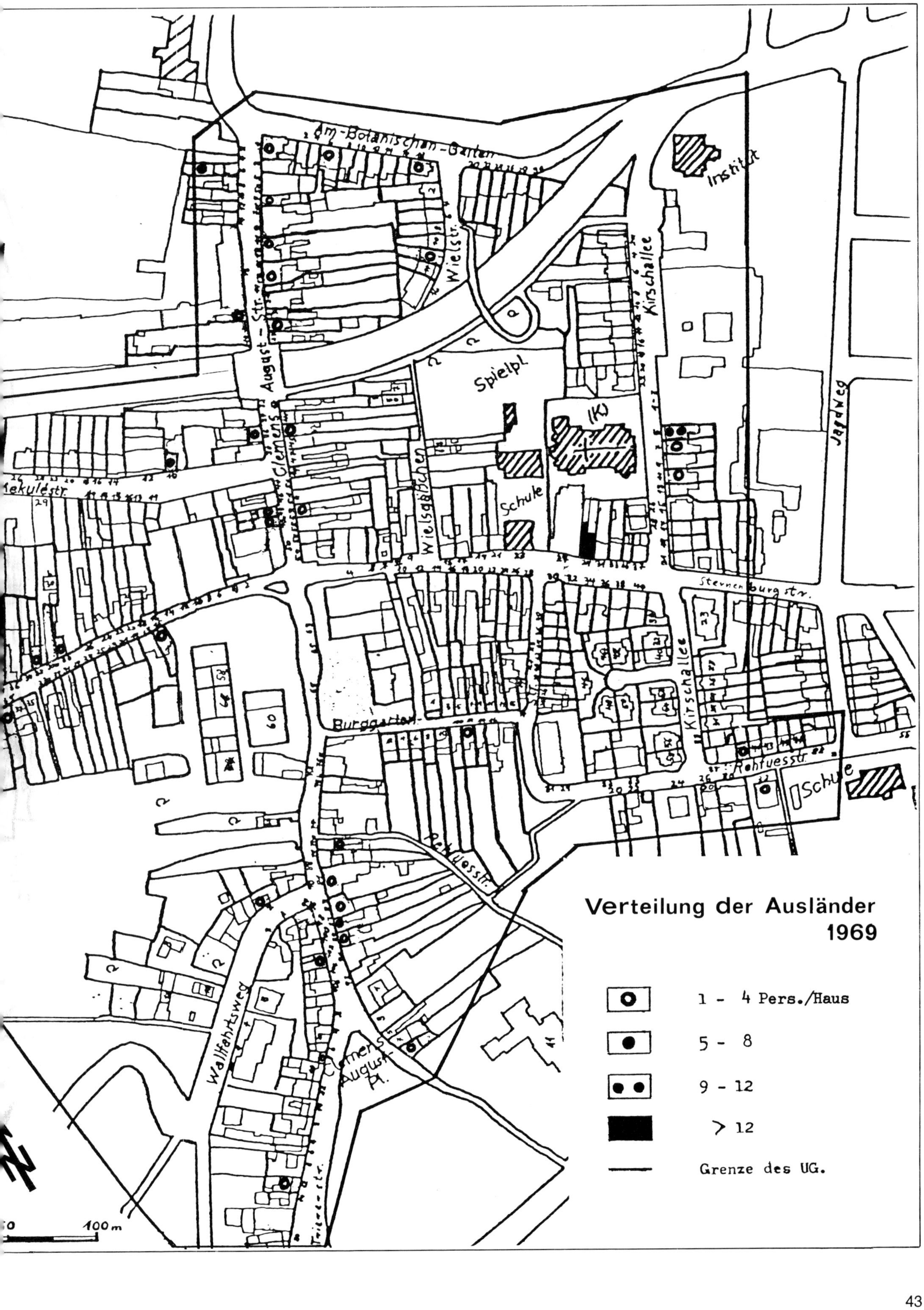

Verteilung der Ausländer 1969

KARTE V

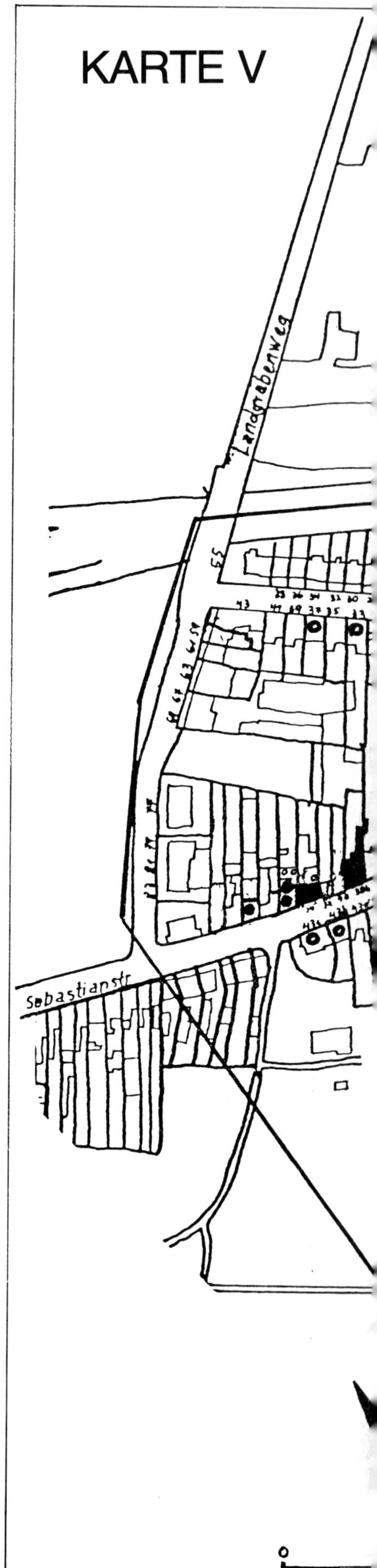

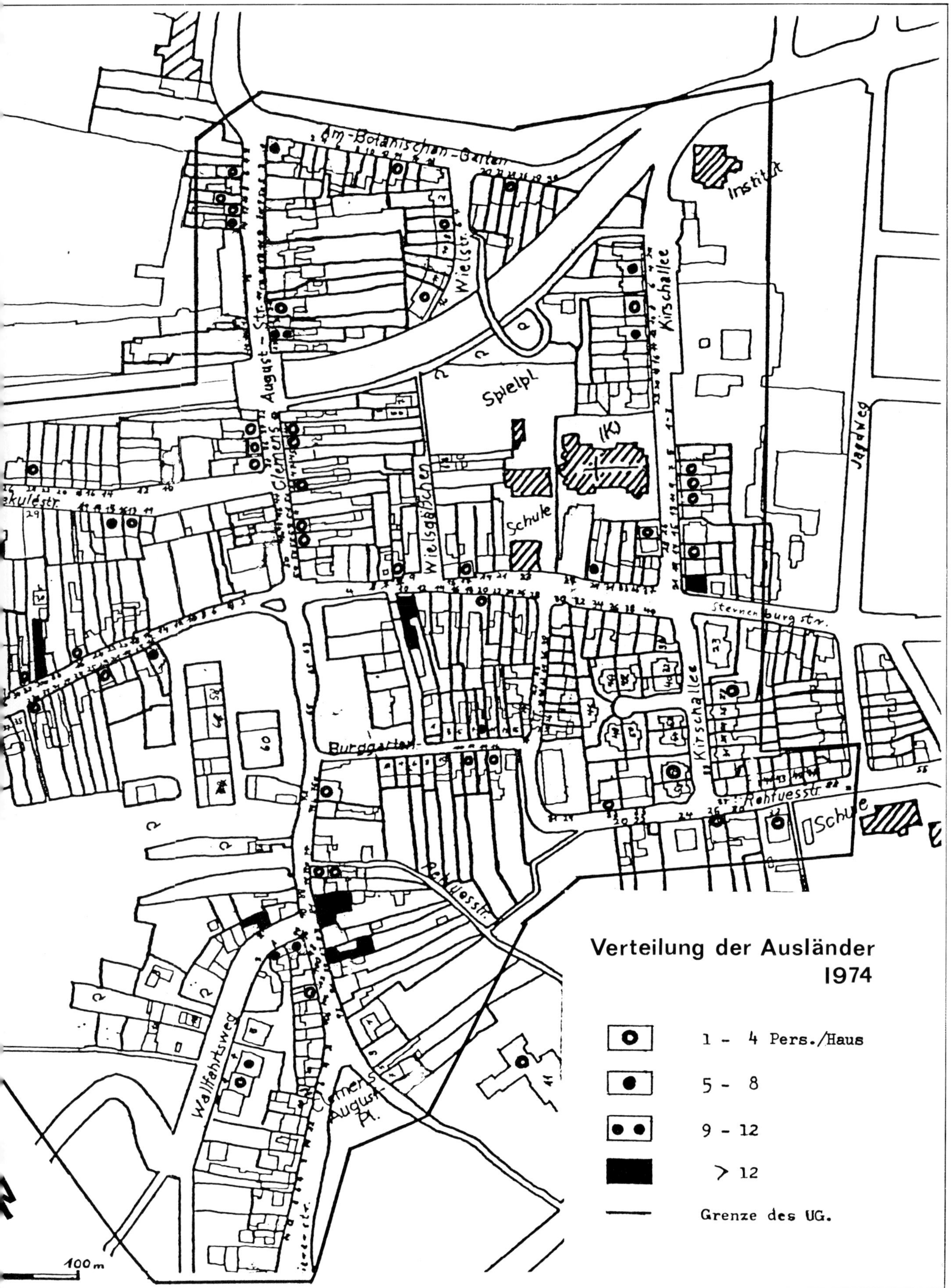
Am-Botanischen-Garten
Institut
Wielstr.
Kirschallee
August-Str.
Clemens-
Spielpl.
(K)
Schule
Wielsgäßchen
Jagdweg
Sternenburgstr.
Burggarten
Kirschallee
Rehfuesstr.
Schule
Rehfuesstr.
Wallfahrtsweg
Clemens-August-Pl.
100 m
Verteilung der Ausländer
1974
1 - 4 Pers./Haus
5 - 8
9 - 12
> 12
Grenze des UG.

Gliederung des Bildteiles

1. Gesamtansichten

2. Schlösser

3. Alt-Poppelsdorf
   3.1 Unterdorf
   3.1.1 Westseite Clemens-August-Straße
   3.1.2 Ostseite Clemens-August-Straße
   3.2 Oberdorf
   3.2.1 Clemens-August-Straße
   3.2.2 Clemens-August-Platz
   3.2.3 Sebastianstraße und Sternenburgstraße

4. Innere (endogene) Erweiterungszone

5. Industrie
   5.1 Wessel-Keramische Werke
   5.2 Soennecken-Fabrik
   5.3 Andere Gewerbebetriebe

6. Universitätsgebäude

7. Äußere (exogene) Erweiterungszone
   7.1 Klassizistische Vorboten
   7.2 Öffentliche Gebäude
   7.3 Straßen

8. „Eingeschobenes" aus Entwicklungsperiode IV und V

9. Bilder zur Sanierung

Jahreszahl am Ende des Bildtextes = Jahr der Aufnahme (römische Ziffer = Monat)

1. Gesamtansichten

1 Schloß und Dorf um 1752 von Norden, Guckkastenbild, gestochen von B. F. Leizel. Im Vordergrund rechts die Wirtschaftsgebäude des Schlosses am Halbrondell, dahinter die Katzenburg, darüber die Mordkapelle, links davon Kloster Kreuzberg, links über dem Schloß Clemensruhe die Sternenburg (zwischen den Fichten) mit den Wirtschaftsgebäuden links davon. vgl. Anm.19, S.33

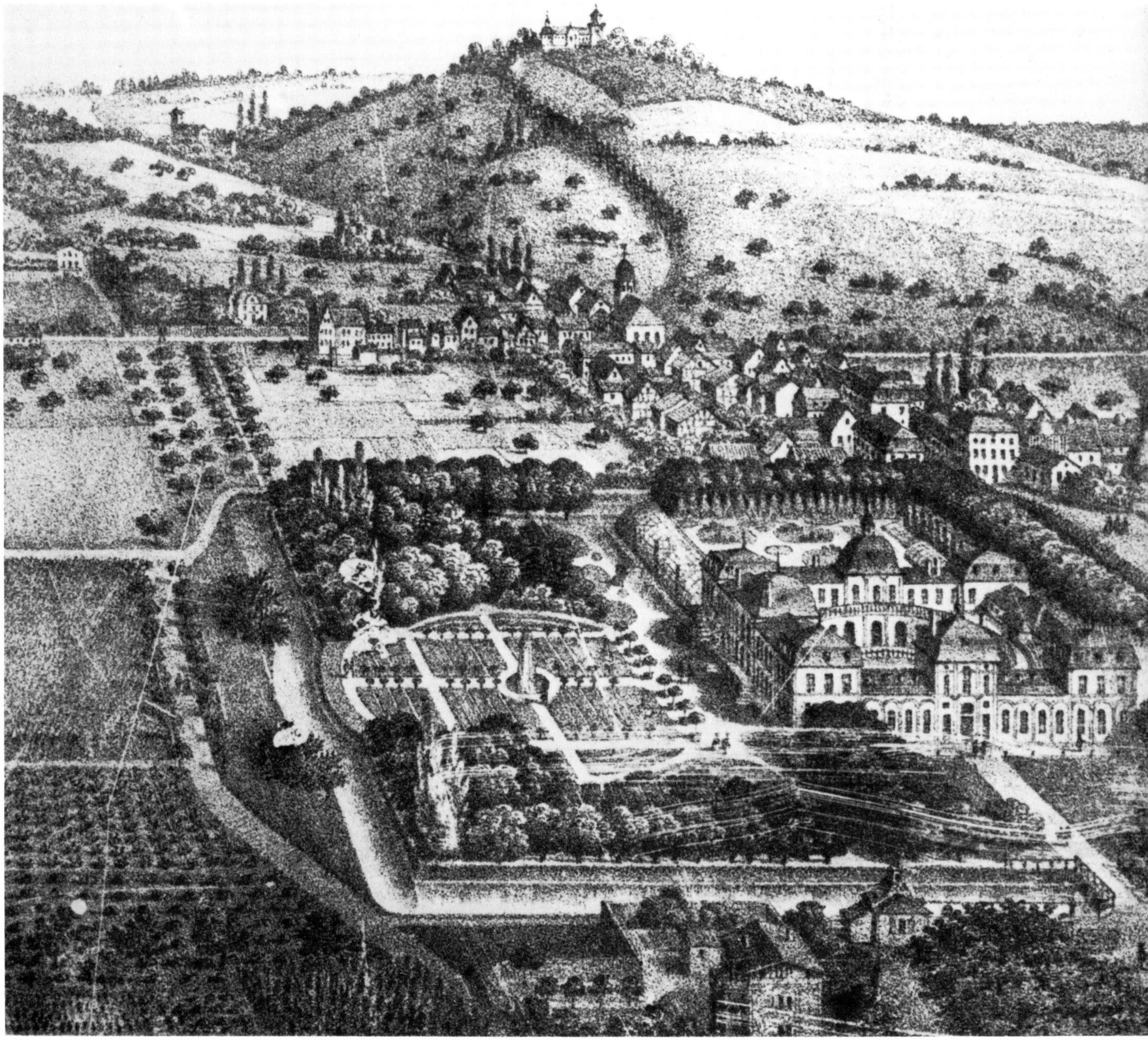

2 Vogelschauansicht von Nordosten um 1860. Lithographie von Otto von Kreyfelt

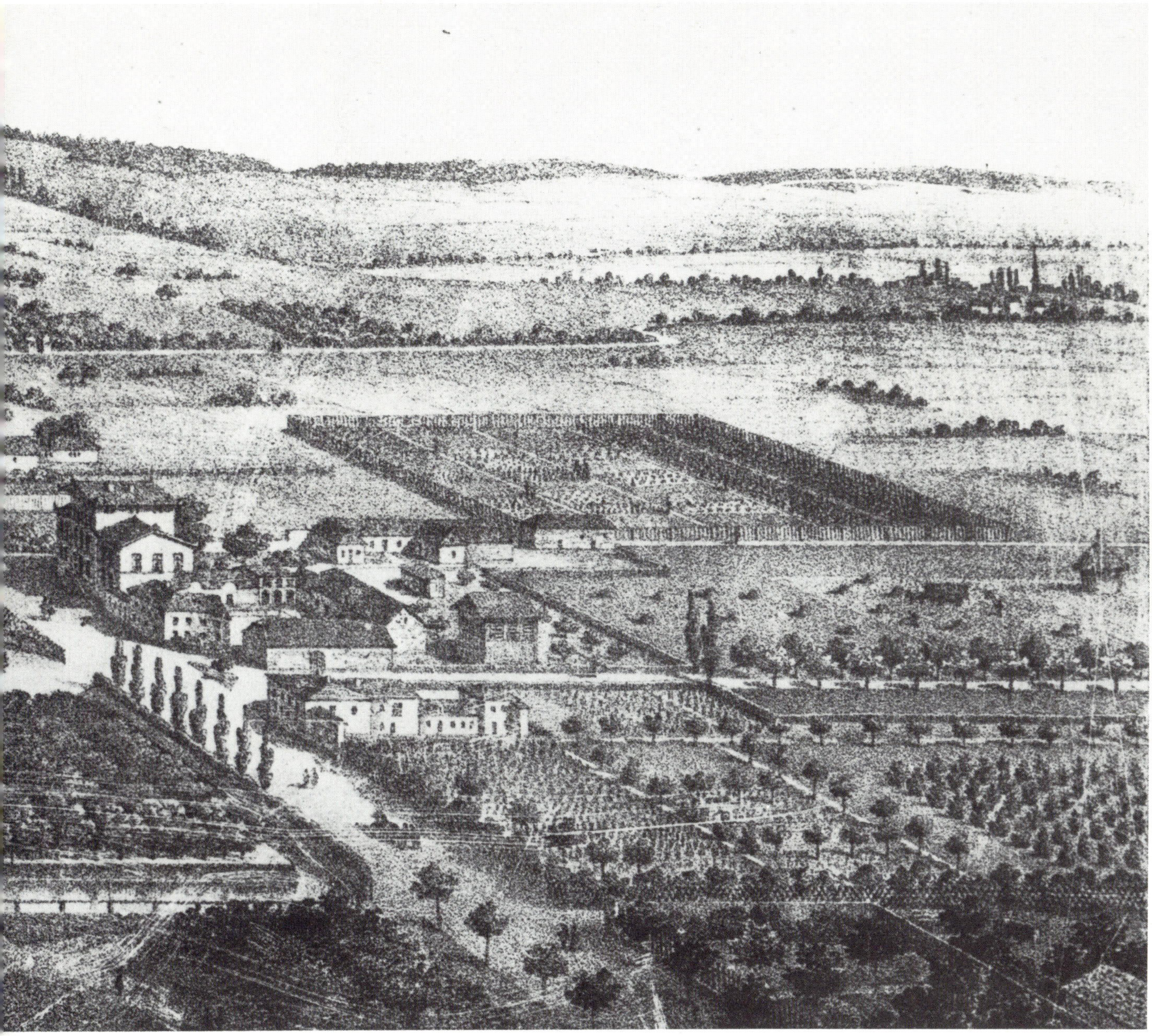

3 Luftbild des Ortskernes von Nordosten 1968. Begrenzung oben links Straße „Im Wingert", rechts oben Servitenweg, links Jagdweg mit Soennecken-Fabrik, unten Mitte Poppelsdorfer Schloß, rechts Universitätsinstitute und Wesselwerk bis zum Landgrabenweg (Carl-Troll-Straße)

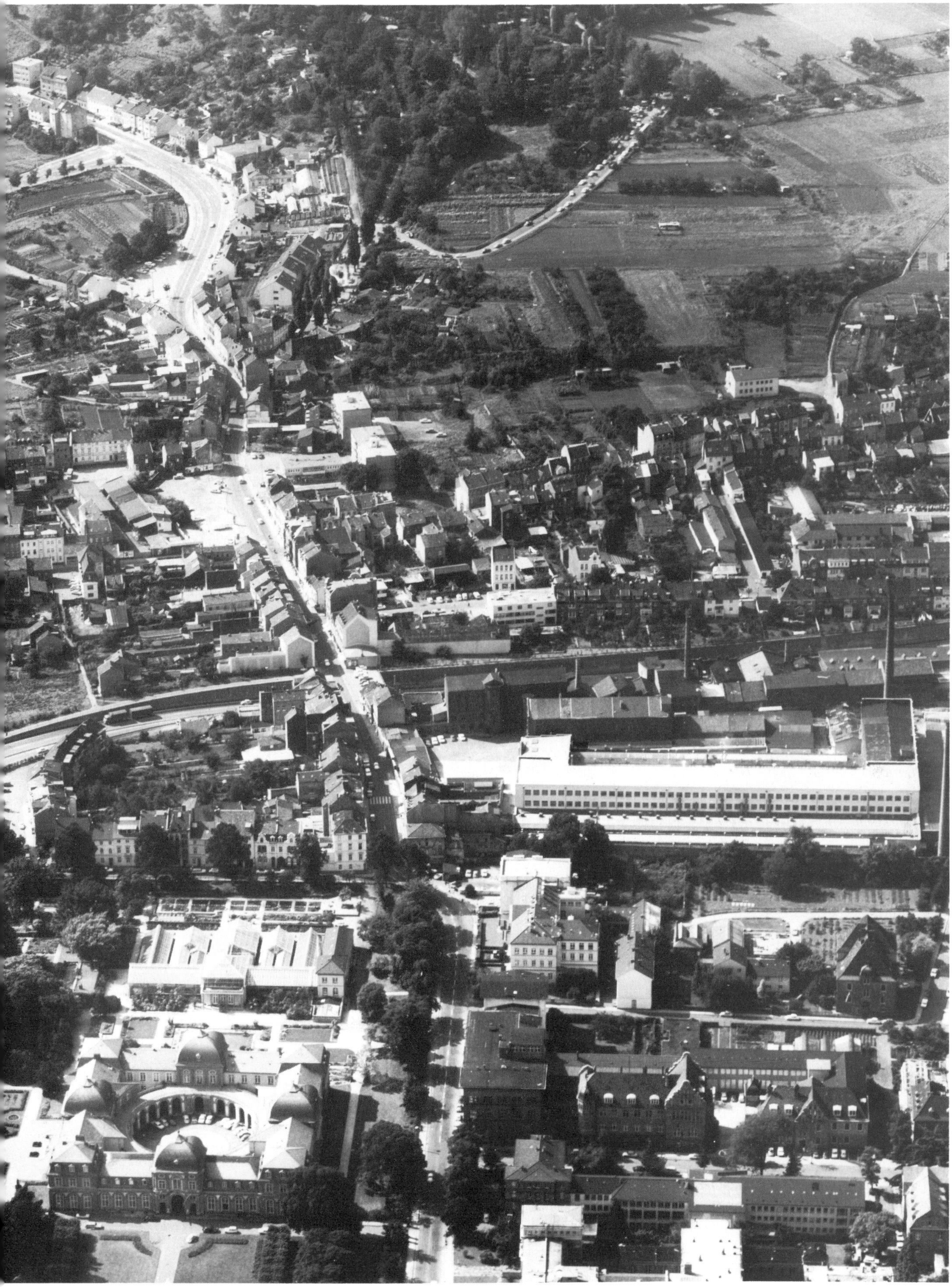

Universitäts- institute
Versuchsfelder
Schloß-weiher
Poppelsdorfer Schloß
Botanischer Garten
B 9
POPPELSDORF
IA-K 6

4 Senkrechtluftbild 1976, Ausschnitt aus der Deutschen Grundkarte 1 : 5 000, herausgegeben vom Landesvermessungsamt Nordrhein-Westfalen, Blatt Bonn-Poppelsdorf

5 Poppelsdorf von Westen (Standort Mensa Endenicher Allee) im Frühjahr 1978, links Sebastiankirche, Venusberg mit Marienhospital auf halber Höhe, rechts außen Kreuzbergkirche, darunter Schatten der Scheibenspiegelung. Im Vordergrund Versuchsfelder der Landwirtschaftlichen Fakultät, anschließend Gebäude des Wesselwerkes an der ehem. Wesselbahn (1889-1969)

6 Gleicher Standort wie Bild 5, 1978, rechts außen auf halber Höhe Emilie-Heyermann-Schule an der Robert-Koch-Straße (Zeppelinstr.)

2. Schlösser

7 Schloß Clemensruhe zu Poppelsdorf von Nordwesten, 1744 ff. unter Kurfürst Clemens August durch Balthasar Neumann erbaut auf altem Grundriß (von Robert de Cotte). Seit 1818 Universitätsbesitz. Aufnahme 13.3.1925

8 Das 1945 zerstörte Schloß von Nordosten. 1948

9 Die 1945 zerstörte Schloßkapelle, Ost- und Südwand. II 1949

10 Das wiederaufgebaute Schloß – das ursprüngliche Satteldach wurde durch ein Mansarddach ersetzt. 12.1.1959

11 Luftbild der Poppelsdorfer Allee gegen N mit Rhein. Seit 1963 liegt in ihrer Achse der aluverkleidete Klotz des Stadttheaters am Rhein. 1960

12 Herbststimmung auf der Poppelsdorfer Allee. 1977

12/1 Poppelsdorfer Allee, Wachthäuschen des Schlosses (um 1750) – das Gegenstück dazu verschwand im 19. Jh. Der Anbau vom Anfang der 1870er Jahre beherbergte Atelierräume des Prof. Küppers von der Universität. 1928 ersatzlos abgebrochen. 1922

13 SO-Ecke des sogen. Poppelsdorfer Weihers, des ehemaligen Wassergrabens der Burg. III 1977

14 Sternenburg von SO, 1746 ff von Kurfürst Clemens Augusts Bauintendanten August Wilhelm Freiherr von Wolff Metternich an Stelle einer älteren Wasserburg errichtet. Aufnahme kurz vor Abbruch 1908

15 Sternenburg von SO, Turmanbau von 1894, Postkarte um 1905

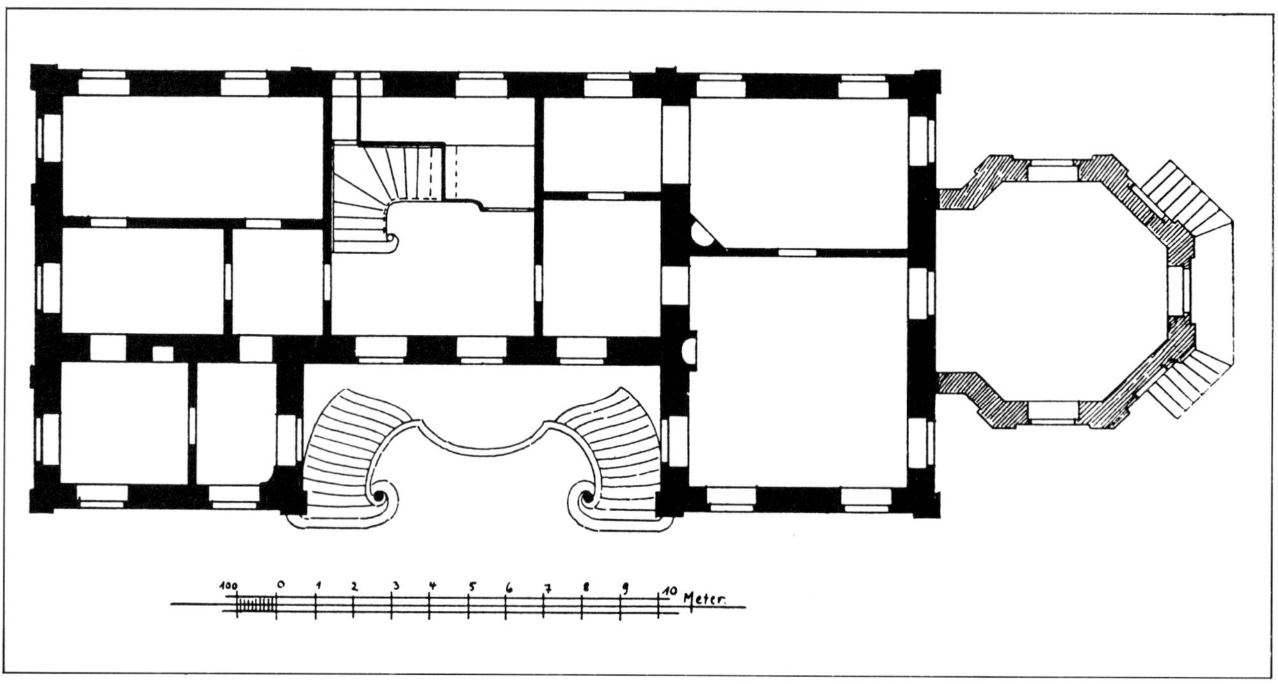

16 Sternenburg, Grundriß des Erdgeschosses

17 Sternenburg, Eingang mit Brücke und Treppe von O. Im Ziergitter des Erdgeschosses, auf dem Giebel und im Giebelfenster der namengebende Stern. Der Balkon vor dem 2. Geschoß auf gußeisernen Stützen eine Zutat aus der Mitte des 19. Jh. Aufnahme kurz vor Abbruch 1908. Nach häufigem Besitzerwechsel und andauerndem Landverlust war das Schloß von Privateigentümern nicht mehr zu halten. Der Verein Alt-Bonn unter seinem rührigen Vorsitzenden Prof. Knickenberg bemühte sich vergeblich, die geforderten 120 000,– Mark aufzubringen, um das bauliche Kleinod der Nachwelt als Stadtmuseum zu erhalten. Die Stadt Bonn versagte sich – wie so oft – dieser Aufgabe

18 Blumenstraße von O, heute zur Kirschallee gehörend. Auf dem Gelände der Sternenburg entstanden noch in Entwicklungsperiode III diese Villa und die benachbarten Doppelvillen, die den Baustil des Schlößchens wiederaufnehmen. Imitation ging vor Erhaltung. IV 1978

19 Obere Kirschallee, offene Bebauung auf dem Gelände der Sternenburg. IV 1978

20 Sternenburgstraße 42-38. Geschlossene Bebauung auf dem Sternenburggelände 1908 ff. (Mietwohnungen) 1977

3. Alt-Poppelsdorf

3.1 Unterdorf

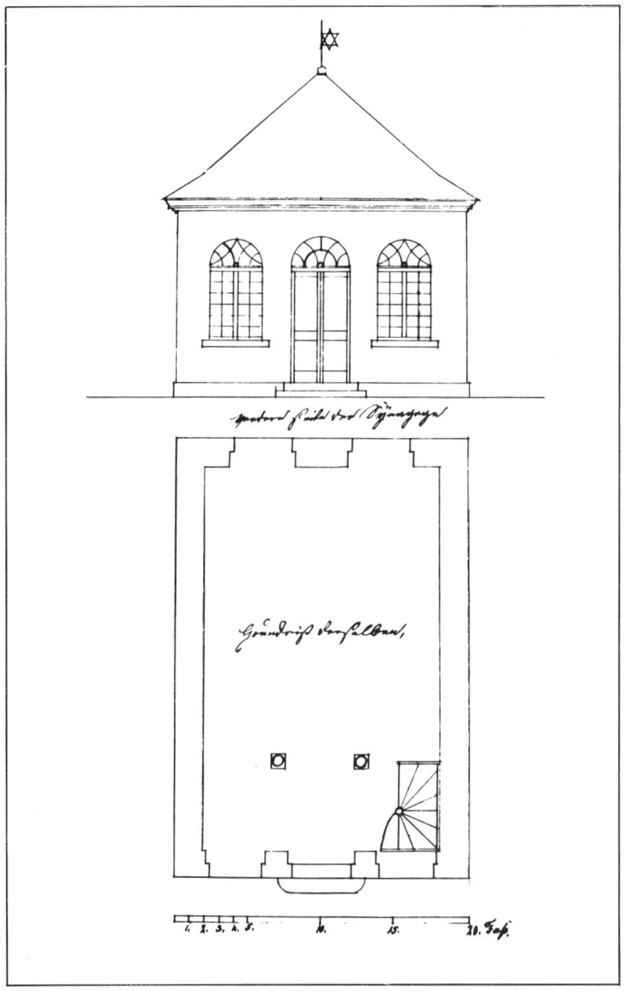

21 An Stelle einer abgebrochenen Fachwerkkapelle erbauten 1812 die Gemeindemitglieder aus dem Abbruchmaterial ihrer Bonner Pfarrkirche St. Martin diese neue Kapelle. Den Bauplan lieferten der bekannte Poppelsdorfer Baumeister Michael Leydel und Joseph Wurm. Auf dem klassizistischen Baukörper mit neupalladianischen Formen dominieren die romanischen Spolien, eines der frühesten Beispiele des eklektizistischen Historismus in Deutschland überhaupt. 1900 abgebrochen. Zeichnung signiert und datiert: [unleserlich], Arch. 1898

22 Aufriß und Grundriß für den Neubau der Synagoge 1851 (1861 erst fertiggestellt) im Hinterhof von Haus Clemens-August-Straße Nr. 14; St.Arch. Bonn. Akten Poppelsdorf Nr. 4024

23 Nördlicher Ortseingang zwischen 1861 und 1866 mit (rechts) Landwirtschaftlicher Akademie, „Jägerhof", einem großen barocken Gebäude und den Reihenhäusern aus kurfürstlicher Zeit (Nr. 6, 8, 10, vgl. Bild 29)

24 Situation wie Bild 23 im Frühjahr 1978

25 Heute (Juni 1979) ist die gesamte Westseite abgeräumt. IV 1978

26 Der „Jägerhof“, Haus Nr. 2, zum Abbruch geräumt. IV 1969

27 „Jägerhof“, Knaggen des Dachgesimses, Nordseite

28 Ortseingang von S (Nr. 8-2), verschiedenste Bauperioden beleben die Zeile. IV 1969

29 Nr. 10-6, Reste einer geplanten Reihenhausbebauung barocken Typs, Nr. 8 im 19. Jh. historisch überformt. Gleiche Höhen von Dachfirst und Traufe bzw. Stockwerken sind noch gut zu erkennen. Abbruch im Dezember 1975. Aufnahme VIII 1974

30 Haus Nr. 22/20 (um 1969), die bekannte Kneipe „Alt-Poppelsdorf" – eine von vielen. Die paarweise angeordneten Fenster im zweiten Geschoß deuten auf das 18. Jh. als Entstehungszeit (Aufnahme etwa 1969)

31 Ebenso das freigelegte Fachwerk deutet auf das 18. Jh. als Entstehungszeit. Aufnahme um 1970

32 Das Untergeschoß von Haus Nr. 22 wurde im 19. Jh. aufgemauert

RÜHLMANN
TUNGSRAM
ELEKTRO-BALTHASAR
RADIO
ELEKTRO
KARATE

33 Auch der Nr. 20 wurde im 19. Jh. eine neue Fassade vorgehängt, hinter dem Drempel kommt das alte Satteldach zum Vorschein. 1975

34 Zerhackte Straßenzeile mit Bausünden aller Perioden, links Eingang zur Kekuléstraße, dahinter Einschnitt der Entlastungs-Bundesstraße 9 (EB 9). IV 1978

35 Mehr Schein als Sein: Das Eckgebäude an der Kekuléstraße hat viel Fassade und wenig umbauten Raum. IV 1978

36 Mitte: Haus Nr. 36, 1832 vom Lehrer Wiel erbaut, hier wurde auch Schule gehalten, Anfang 20. Jh. umgebaut. Rechts: Im Nachbarhaus befand sich das „Union"-Kino, in dem nach dem II. Weltkrieg ganze Studentengenerationen ein billiges Filmvergnügen fanden. IV 1978

37 Nicht nur der klassizistisch-biedermeierliche Aufriß, auch das Vorspringen aus der Fluchtlinie belegt die Entstehung in Entwicklungsperiode II. 1969

38 Ecke Sebastianstraße mit Gasthaus „Stief-Eck". Die Eckbebauung wurde ähnlich pompös begonnen wie an der Ecke Kekuléstraße (vgl. Bild 35). Der Saal links ragt aus der Flucht von Periode III, er stammt mit Sicherheit aus Periode II, erhielt aber in III ein renaissancistisches Gesicht. 1967

3.1.2 Clemens-August-Straße, Ostseite

39 Ostseite Nr. 1-27 vom nördlichen Ortseingang bis zum Einschnitt der EB 9, davor die abplanierte Westseite. IV 1978

40/1 Eine Reihe repräsentativer Wohngeschäftshäuser (meist Gaststätten). Die ursprünglich klassizistische Baulinie noch dominierend. V. l. n. r.: Nr. 1 Gasthof und Hotel „Schloßhof", 1. Hälfte 19. Jh., Nr. 3 nach Abbruch eines Vorgängerbaus 1901 als Restauration erbaut. Die prachtvolle neugotische Fassade (vgl. Bild 40/2) mit einem Mittelerker wich 1966 der jetzigen Gestaltung. Nr. 5 und 5a wurden 1939/40 von der Städtischen Sparkasse zu einem Gebäude vereinigt. Für Nr. 5a (drei Fensterachsen rechts) liegt eine der seltenen Baugenehmigungen aus Periode II vor: 1845 für Herrn Auel aus Ippendorf. Der Vorgängerbau des linken Nachbarhauses ist auf der Bauskizze von 1845 bereits vorhanden. Die klassizistische Fassade von Nr. 7 ist sogar drei Jahre jünger als Haus Nr. 3. Dennoch haben sich Architekt (J. Kalb) und Bauherr nach den beiden älteren Nachbarfassaden gerichtet und retteten damit die klassizistische Linie dieses Straßenabschnittes. Für Nr. 7a, ebenfalls ein Gasthaus mit einem 1922 zum Kino umgerüsteten, aber nicht dafür benutzten Saal, ist keine Baugenehmigung erhalten. Nr. 9, Café Stockamp mit hübschem Garten im Hofraum, stammt aus dem Jahre 1908. Aus der Flucht heraus tritt Nr. 11 (ganz rechts), damit eine noch ältere Bauperiode im Grundriß bewahrend. IV 1978

40/2 Haus Nr. 3, Entwurfszeichnung der Fassade

41/1 Skizze des möglichen Altzustandes im 18. Jahrhundert

41 **Ein Haus wird gemordet - Beispiel für den Verlust an Gesicht unserer Städte und Dörfer**

Haus Nr. 13 – der letzte Zeuge der Vorortbildung im 18. Jahrhundert, der letzte Zeuge kurkölnischer Kleinbürgerhäuser. Inschrift um das Fensteroval (Bild 41/2): „Erbaut Anno 1750 Durch Churfürst./WasserTräger Peter Blentz und Ursula / Mostart Genand Blentz Dessen Hausfrau". 1845 kaufte die Kapellengemeinde das Haus, bis zum Verkauf 1888 diente er als Priesterwohnung. Seit 1970 stand es leer. Am 27.1.1979 wurde die Ortssatzung rechtskräftig, die erhaltenswerte Bausubstanz schützt. Am 29.1.1979 begann der Eigentümer ohne Genehmigung mit dem Abbruch der Häuser Nr. 11 und 13. Erst nach massiven Protesten aus der Öffentlichkeit wurden die weitergehenden Abbrucharbeiten vom Bauaufsichtsamt unterbunden. Der Hauptausschuß des Rates der Stadt Bonn beschloß den Ankauf der beiden Grundstücke zwecks Erhaltung des Gebäudes – aber der Verfall geht weiter.

In den Bildern spiegelt sich exemplarisch der allerorten zu beobachtende Prozeß der „kleinen" Zerstörung:

1. Die Umnutzung zu einem Ladenlokal im Erdgeschoß reißt die ersten schwarzen Löcher in die ursprünglich wohlausgewogene Fassade, obwohl die gußeisernen Schaufensterstützen aus Periode III noch in einem regelmäßigen Rhythmus gesetzt sind.
2. In der Zwischenkriegszeit werden zu große Dachgauben aufgesetzt. Bei Erneuerung der Fenster behält man die Sprossen bei, aber ihre querrechteckige Anordnung verfremdet die alte Einteilung (vgl. 41/1).
3. Rücksichtslos verfährt man aber erst nach dem II. Weltkrieg in einer wahren Orgie der Verhunzung: Die Schaufenster werden weiter vergrößert und aus allen Fenstern Kreuze und Sprossen herausgerissen, das Ochsenauge über der rechten Tür wird „zugedrückt", die Symmetrie der benachbarten Türen ist damit zerstört. Der klägliche Rest an Wand dient nur (Klo-)Kacheln als Träger. Symbol der restlosen Profanierung: Die Madonna verschwindet aus ihrer Nische. Das Haus ist hin-gerichtet.
4. Da alle „Modernisierung" doch nicht genügt: Abbruch- und Neubauantrag unter Einbeziehung der Nachbarparzelle – gleichfalls alte Substanz.
5. Abbruch, Neubau von Allerwelts„architektur", weitere Beeinträchtigung der Umgebung.
   Alternative: Wegnahme der „Zutaten", Renovierung des ursprünglichen Zustandes, sinnvolle Nutzung (z. B. Wohnung und Boutique)

41/2 Zustand in den 1950er Jahren

41/3 Zustand August 1974

41/4 Zustand am 10. Februar 1979

41/5 Rückseite am 10. Februar 1979

41/6 Rückseite von Haus Nr. 11 im Oktober 1969, barockes Fachwerkgebäude (unter Putz)

42 Haus Nr. 29. Der innere Umbau im Ortskern läßt sich an diesem Beispiel ebenfalls in mehreren Bildern belegen:

42/1 Zustand um 1914. Das Erdgeschoß zeigt die Stilformen des 18. Jahrhunderts (vgl. Bild 42/2). Vermutlich wurde das eingeschossige Häuschen in Entwicklungsperiode II aufgestockt

42/2 Tür von Haus Nr. 29, im Türsturz Monogramme, Jahreszahl (1753) und Symbol des Schlossers in einer Kartusche. Bei Abbruch des Hauses 1930 wurde die Tür vom Verein Alt-Bonn für 250,– RM angekauft

42/3 Der Ladeneinbau erfolgte 1924

42/4 1930/31 wurden die Häuser Nr. 27 und 29 (Mitte, Laden für „Butter, Eier, Käse") abgebrochen und in der Fluchtlinie neu errichtet. In der Architektur hält man sich an die klassizistische Linie des Unterdorfes. Für den Bau der EB 9 benötigte man 20 cm des Hauses – 1961 erfolgte der Abbruch (vgl. Bild 39)

43 Haus Nr. 67. Ein Beispiel für anspruchsvollere Wohngebäude aus Periode II, Zustand 1930er Jahre

44 Blick in die Clemens-August-Straße nach N, etwa in Höhe von Nr. 27 (rechts), links das Bürogebäude der Wessel-Fabrik. Das Straßenbild ist nahezu völlig verstädtert. Etwa 1904. Lichtdruckpostkarte

44a Haus Nr. 47. Ein Bau der Zwischenkriegszeit (Periode IV), charakteristisch das expressionistische Zackenband auf neoklassizistischer Fassade. Ausgebautes Dachgeschoß der Periode V. 1969

45 In Periode II erbauter Gasthof mit zwei Kellergeschossen für die Lagerung von Bier. Eines der wenigen vorbildlich renovierten älteren Häuser im Ortskern. VI 1979

46 Haus Nr. 56 (Westseite der Straße). Ein typisches Beispiel für den kleinen Gewerbebetrieb. Das Vorderhaus (A. 20. Jahrhundert) ein Wohngeschäftshaus für gehobene Ansprüche, im Hinterhof die Werkstatt. Ursprünglich Gelände des Dorffriedhofes, an der Werkstatt Spolien der Dorfkapelle von 1812. 1969, kurz vor Aufgabe des Hauses.

46a Bebauung an der engen und gewundenen Clemens-August-Straße im Oberdorf, Blick nach N zur Kreuzung Sternenburgstraße. Etwa 1969

47 Blick von S nach N, links Eingang Wallfahrtsweg. Zwischen gründerzeitlicher Bebauung Biedermeierliches unterschiedlicher Vermögenslagen. IV 1969

48 Die Ecke wie Bild 47 von NO nach dem Abbruch. Auffahrt zum Poppelsdorfer Friedhof. Rechts Rückseite der Höfe am Wallfahrtsweg (vgl. Bild 49). IV 1978

49 Höfe eines Ackerers und eines Fuhrunternehmers aus der Gründerzeit am unteren Wallfahrtsweg. IV 1969

50 Ostseite Clemens-August-Straße gegenüber dem Ausgang des Wallfahrtsweges, der Gasthof rechts (Nr. 81) ist einer der wenigen Gebäude der Zwischenkriegszeit (Periode IV) IV 1978

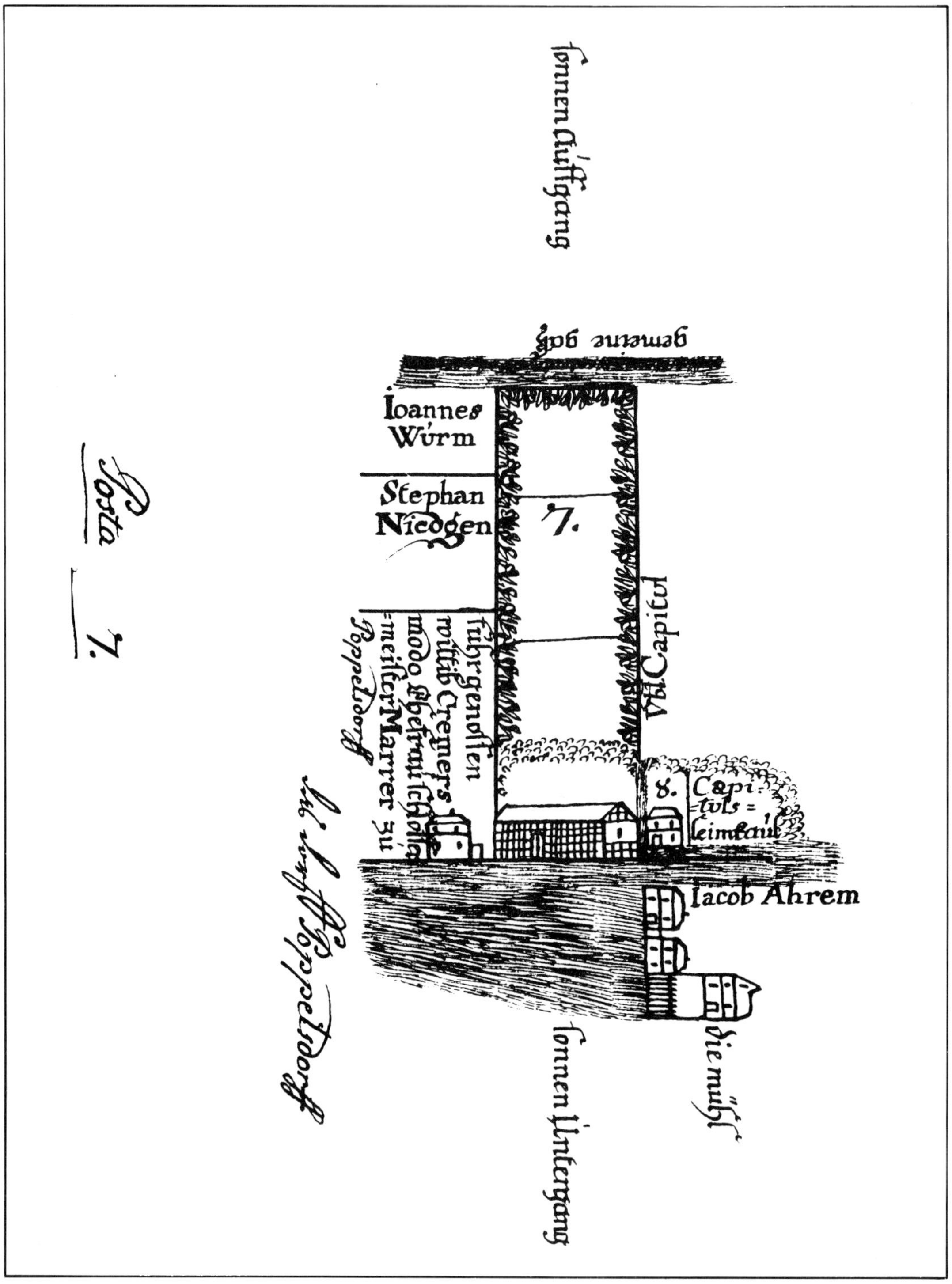

51 Ansichtsskizzen der S- und O-Seite aus dem Zinsregister von 1776 (Quelle 2) des Cassius-Stiftes. Vom Zeichner deutlich unterschieden werden die verputzten (wohl lehmbestrichenen), zweigeschossigen Wohnhäuser von der langgestreckten Fachwerkscheune. Links am Eingang des Nachtigallenwegs, der im Zinsregister erstmals kartographisch unter seinem Namen erscheint, die Lehmgrube von St. Cassius.

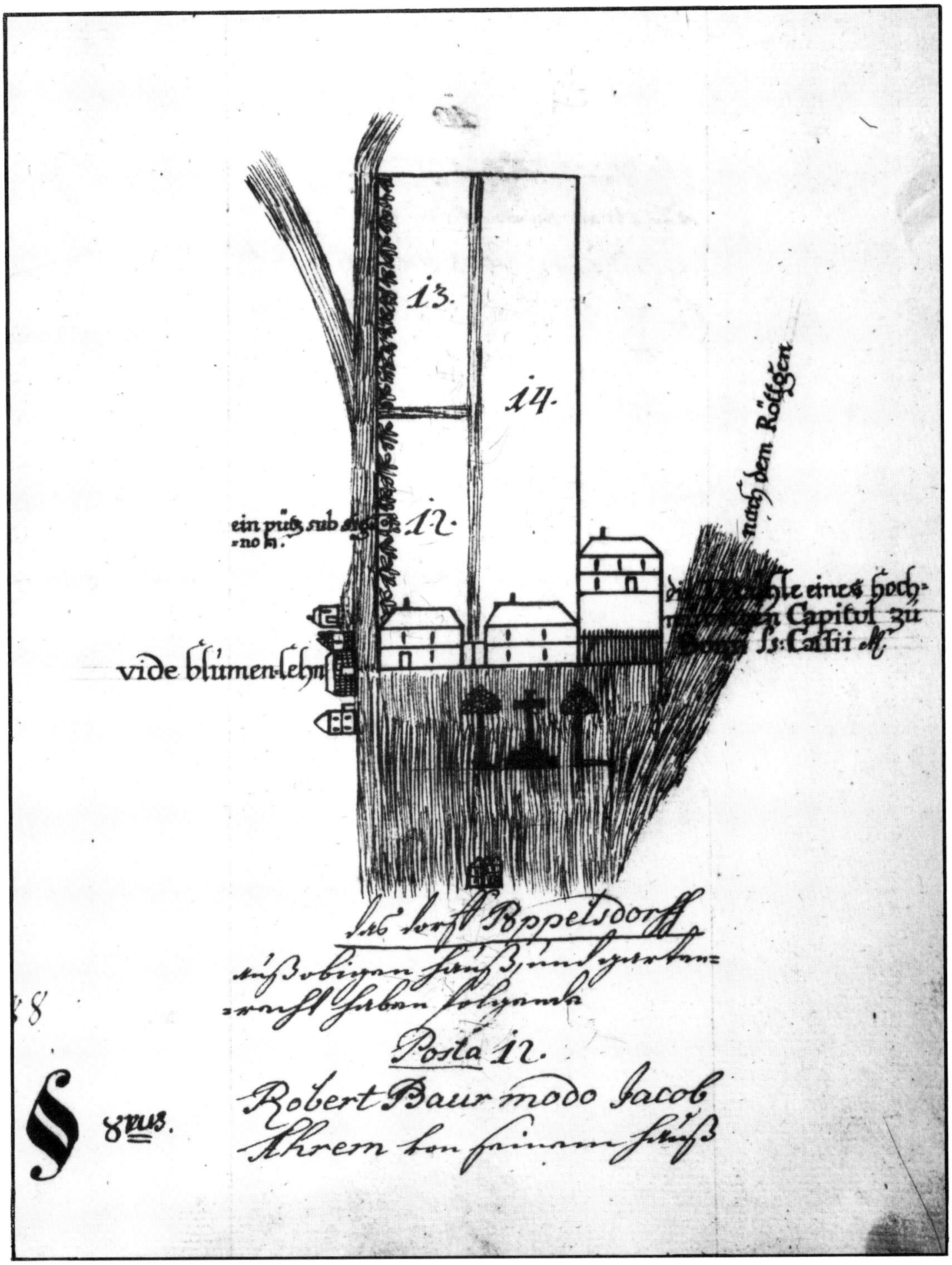

52 S-Seite des Platzes mit der Unteren Mühle, hier als Besitz von St. Cassius bezeichnet. Stauweiher hinter der Mühle nicht eingezeichnet. Davor zwischen zwei Bäumen das Kreuz, das der kurfürstliche Hofgärtner Maximilian Heinrich Lenné und seine Ehefrau (Heirat 1699) aufrichten ließen. Am Nachtigallenweg, links neben der „12" ist ein Brunnen eingezeichnet. Anderenorts wird von einem „Riesenpütz", auch von einem „Sauerborn" gesprochen.

53 Ostseite. Bebauung aus Periode II. Auffällig ist, daß diese Häuser weder straßen- noch hofseitig Einfahrten aufweisen, da die kleinen Gemüsebauern kein Zugvieh besaßen. Schrittweise wird die Bebauung ersetzt. X 1969

54 Westseite. Heterogener Baubestand aus mehreren Entwicklungsperioden. Rechts im Anschluß an Mehrfamilienhaus aus Periode V (Nr. 10, mit Einzelgarage) die Häuser 8-4. Nr. 8 stammt mit seiner rechten Hälfte wie das ersetzte Haus Nr. 10 (links davon), von dem noch ein Bauantrag von 1843 vorliegt, aus Entwicklungsperiode II. Die beiden linken Achsen sind vermutlich in Periode IV oder V hinzugebaut. Nr. 6 und 4 sind Halbhäuser. Es handelt sich um keine echten Mansarddächer. Auf dem Plan von 1811 (Quelle 4a) besteht das barock anmutende Häuschen noch nicht. Dahinter die Bebauung von Periode V am Wallfahrtsweg. IX 1978

55 Haus Nr. 10 ff. (v. r. n. l.) Wechselnde Baufluchten kennzeichnen die unterschiedlichen Bauperioden. Die drei zweigeschossigen Häuser stammen aus Periode II, wenn auch das mittlere in Periode IV überarbeitet wurde. Rechts und links gründerzeitliche Gebäude (Periode III). 1969

56/1 Haus Nr. 45-49 (links) und 51

56/2 Haus Nr. 45-49. Dreiergruppe von Einfamilienhäusern mit betonter Mittelachse. Im Aufriß noch klassizistisch, der aufgeputzte Dekor weist bereits auf den beginnenden Historismus. 1978

4. Innere (endogene) Erweiterungszone

57/1 + 57/2 Katholische Pfarrkirche St. Sebastian an der unteren Kirschallee von NO (57/1 vom Dach der Soennecken-Fabrik), 1888-1890 nach dem Plan des Poppelsdorfer Architekten Julius Langenberg zunächst ohne Türme erbaut, 1909 vollendet. VI 1979

58/1 Text auf Seite 91

58/2 Katholische Grundschule, Eingang, rechts katholisches Pfarrheim. IV 1978

58/1 Sternenburgstraße, rechts Gebäude der katholischen Grundschule von SO, alle aus Entwicklungsperiode II, Gebäude rechts datiert 1860, Betonerker 1960er Jahre. Dahinter zwei anspruchsvoll gebaute Wohnhäuser aus Periode II. IV 1978

58/3 Katholische Kleinkinderschule an der Rehfuesstraße von O. IV 1979

59 Sternenburgstraße mit den Gebäuden der Katholischen Grundschule (Entwicklungsperiode II) und Katholisches Pfarrheim (erbaut 1928) von W. 1959 wollte die Stadtplanung diesen Straßenraum aufbrechen, um die Kirche auch von S ins Blickfeld zu rücken. IV 1978

60 Obere Kirschallee mit Sebastiankirche und Rathaus (rechts). IV 1978

61 Rathaus der aus acht Gemeinden bestehenden Bürgermeisterei Poppelsdorf von SW. Erbaut 1895-1896. IV 1978

62 Burggartenstraße, nördlicher Arm, enge gründerzeitliche Bebauung durch Poppelsdorfer Bürger, rechts neue Bebauung an der Rehfuesstraße (nach 1967). IV 1978

63 Burggartenstraße westlicher Arm von W. Enge gründerzeitliche Bebauung in vereinfachten Formen der Südstadt, getragen von Poppelsdorfer Bauherren. IV 1978

64 Städtebaulich ungeplante Randsituation gründerzeitlicher Bebauung: Der Ortsrand wird durch häßliche Hoffronten (der Burggartenstraße) abgegrenzt, rechts die Rehfuesstraße. IV 1978

65 Sternenburgstraße 53, biedermeierliches Einfamilienhaus in Gestalt eines Landsitzes außerhalb der damaligen Ortslage. IV 1978

65a Sternenburgstraße 76 und 74 in einer Reihe von acht Mietetagenhäusern. Bauherr und Architekt Anton Natter, 1889 und 1896 erbaut. Durch das voll ausgebaute Erdgeschoß wird ein ganzes Geschoß gewonnen. Die Häuser verfügen auf der Hofseite im Erdgeschoß über Anbauten mit kleinen Zimmern, im Zugang dorthin die Aborte. Die Durchfahrt rechts benötigte der Pferdehändler Gottsacker, der Bauherr von Nr. 74. VIII 1978

66/1 Innere Erweiterungszone westlich des Ortskerns. Blick in die Sebastianstraße von O. Versetzungen in der Baulinie kennzeichnen die zeitlich verschiedenen planerischen Ansätze an einer ursprünglich gewundenen Dorfstraße. IV 1979

66/2 Sebastianstraße von W. IV 1979

67 Trierer Straße von S (in Höhe der Einmündung „Im Wingert"). Nach 1948 stark überformter Bestand der inneren Erweiterungszone. Typisch die früher zahlreichen Gartenbaubetriebe

68 Rückseite (Bild 67) vom Wallfahrtsweg gesehen. IX 1978

69 Luftschutzbunker Trierer Straße aus dem II. Weltkrieg. Bemalung Anfang 1970er Jahre. IV 1978

5. Industrie und Gewerbe

5.1 Wessel-Keramische Werke

70 Clemens-August-Straße von S nach N, links (mit großer Einfahrt) das 14achsige Bürogebäude der Wesselfabrik. Im II. Weltkrieg zerstört, 1951 durch eine Straßenabschlußmauer in rotem Klinker ersetzt. Aufnahme Zwischenkriegszeit?

71 Blick in den Hof von O (Clemens-August-Straße). Rechts, mit der Giebelseite sichtbar, das Magazingebäude, darin Comptoir, zuletzt ganz Bürogebäude. Links, mit der Front sichtbar, Steingutfabrik, seit 1963 zur Unterkunft für griechische Gastarbeiter umgebaut. In dem Bauantrag v. 26.3.1963 heißt es: „Es wird Wert darauf gelegt, daß die alten und teils nach dem Krieg mit viel Mühe wieder hergerichteten Fassaden des Innenhofes sichtbar und erhalten bleiben.“ Beide Gebäude stammen aus Entwicklungsperiode III. VIII 1973

72 Steingutfabrik von S, Standort Überführung der Clemens-August-Straße über die EB 9. VI 1977

73 Magazingebäude. 1969

74 Entwurf für das Casetten- und Lagerhaus von Petazzi, Nov. 1895. Ausführung weicht erheblich davon ab, vgl. Bild 73.

75 Glattbrennhaus und Lager, zuletzt „Verbindungsflügel" genannt. X 1969

76 Architektenentwurf zum Glattbrennhaus, 1890er Jahre

77 Nach Abbruch des Magazingebäudes und des Verbindungsflügels samt dahinter stehender Gießereihalle im August 1977 ist der Blick frei auf die älteste Zeile der Werksgebäude im S des Fabrikkomplexes (parallel zur EB 9). Die meisten dieser Gebäude wurden in den 1920er Jahren unter Beibehaltung der Fassade innen umgebaut. Links, mit vier Geschossen, die ehem. Steingutfabrik (Bild 71 und 72). Alle Bilder VIII 1977

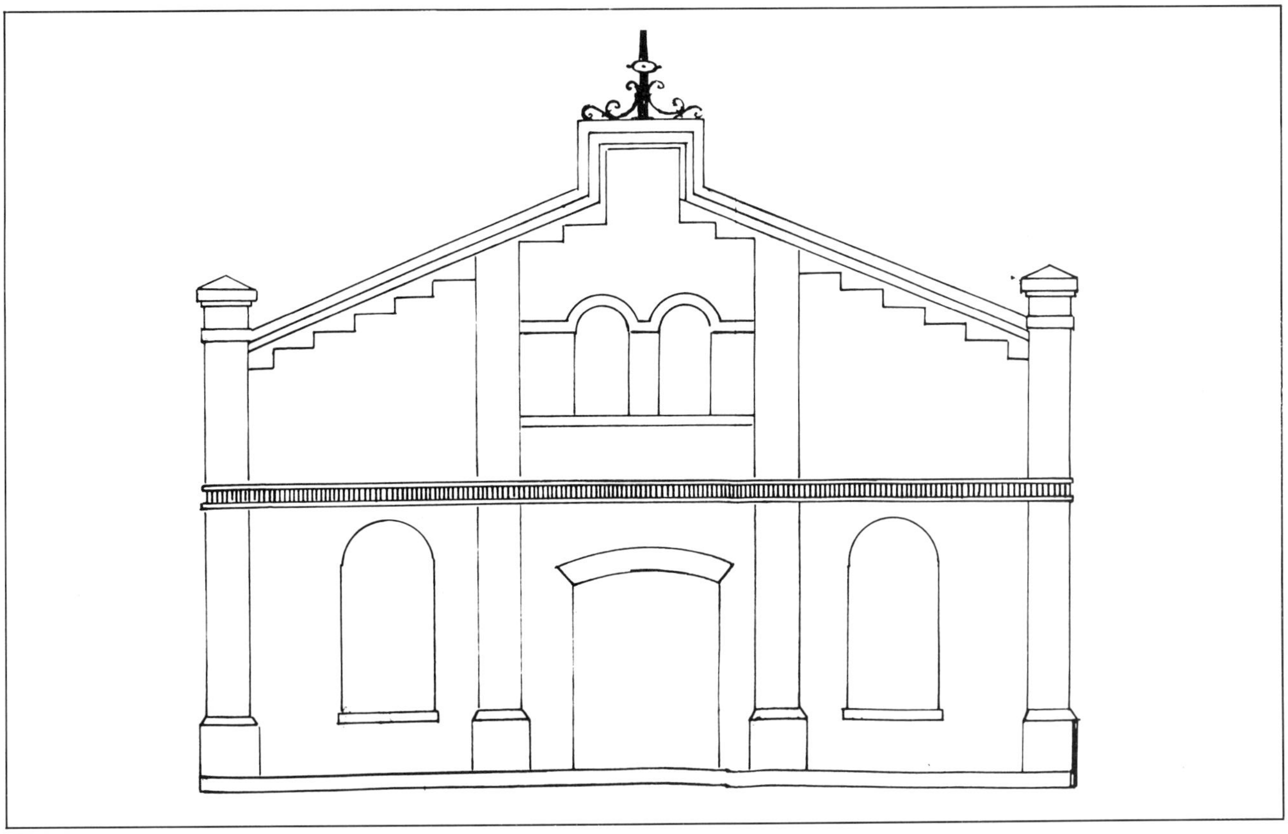

78 64-70 (Numerierung wie Situationsplan von 1904) v. l. n. r.: Steingutfabrik, Periode III, innen alter Rundofen mit Schornstein, vermutlich Periode II, 65 Cc. Steingutfabrik, zuletzt Schamottemühle, Per. III, 66 Dc. Dreherei, Angelzimmer, zuletzt Trafo; 67 Eckgebäude mit Schornstein (5 Achsen), Tonmühle Periode III, innerer Umbau 1922; 68 und 69 (eingeschossig, zusammen 4 Achsen) Glasurmühle, Periode II?, 1928 zusammen mit 69 (Maschinenhaus), 81 (desgleichen) und 82 (Kesselhaus) zu einem großen Maschinenhaus unter Beibehaltung der Fassaden (auch aller hinteren) umgebaut; 70 Mühle mit ursprünglich 4 Achsen, 71 Pressenmühle und (72) Mühle

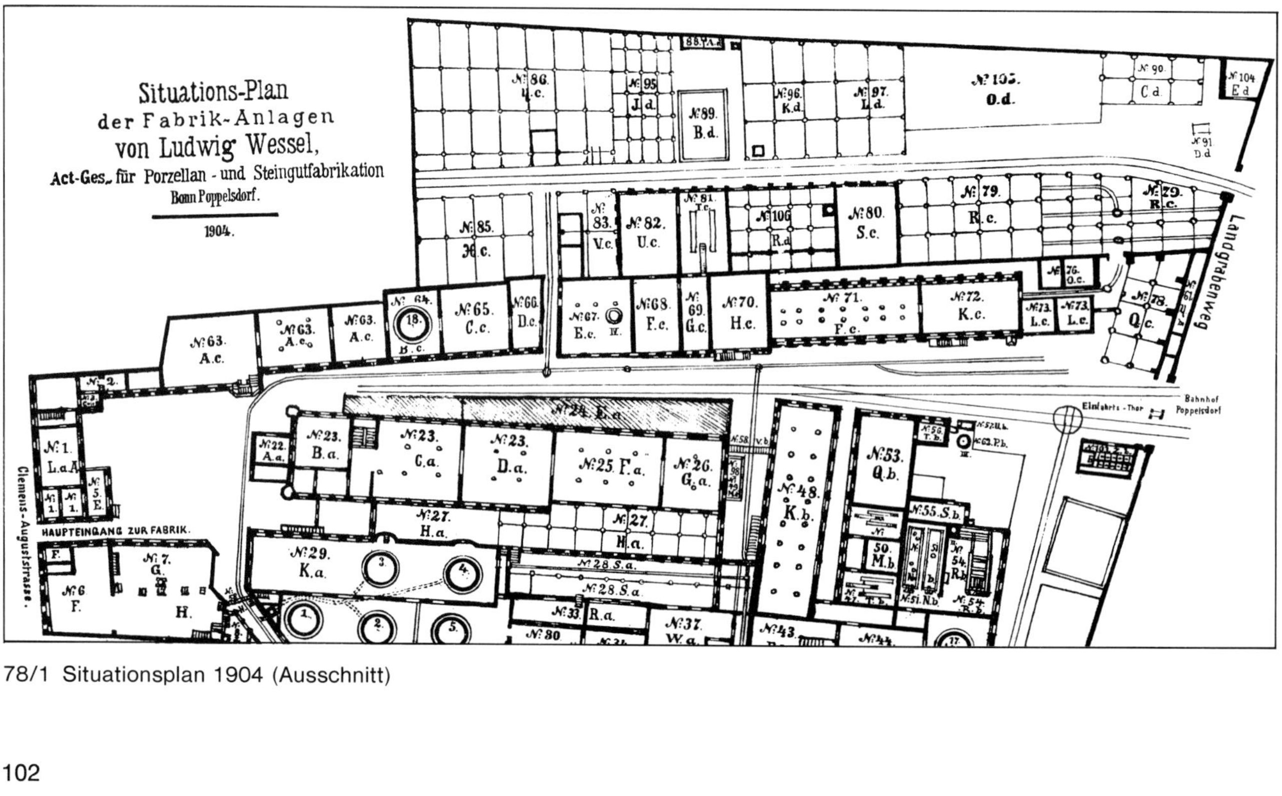

78/1 Situationsplan 1904 (Ausschnitt)

79 Steingutfabrik mit altem Rundofen

80 Das Ende der Reihe

81 Die Rückseite der Reihe von der EB 9 aus. Die Rückfront war beim Bau nicht von außen sichtbar, dennoch legte der Bauherr Wert auf eine historistische Schaufassade

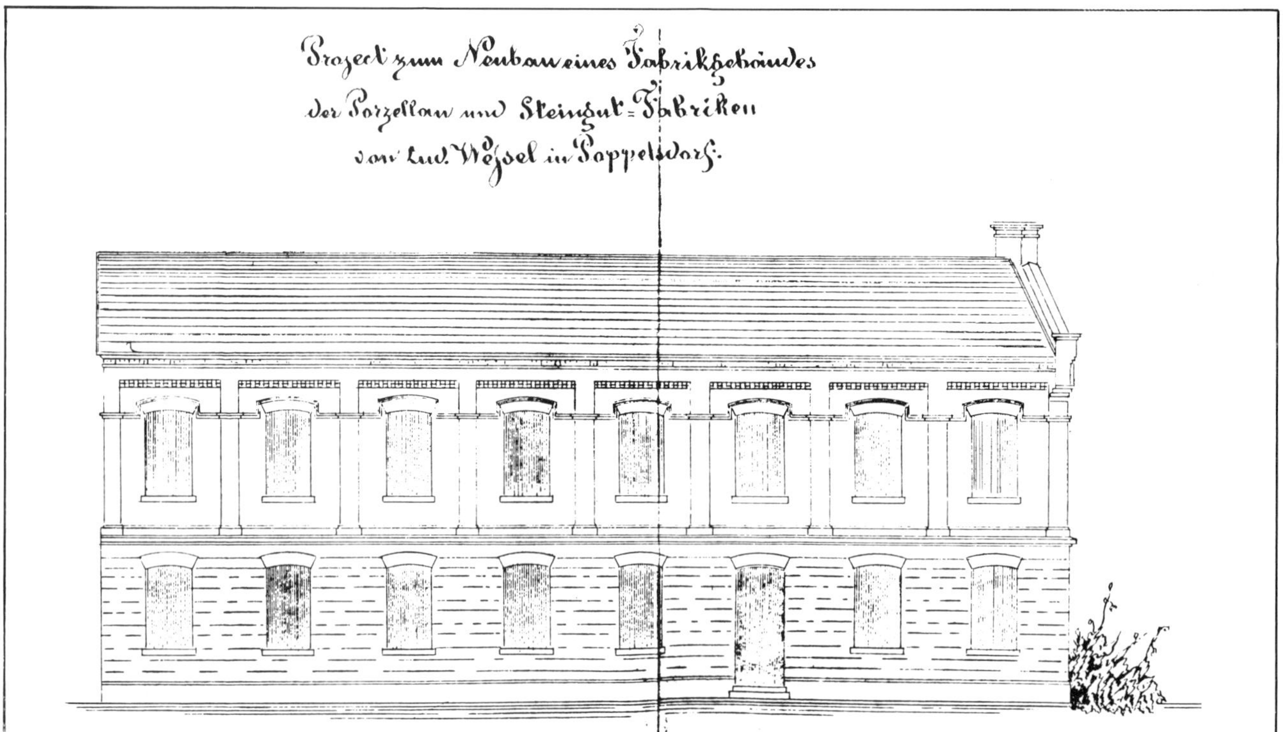

82 Entwurf eines Fabrikgebäudes am Landgrabenweg von Petazzi von 1885! Der Aufriß ist noch klassizistisch, wenn auch mit den typischen Korbbögen der Industriearchitektur jener Jahre

83 Rechts der langgestreckte Bau des Ofen- und Gießhauses. Nach dem verheerenden Brand von 1926 wurde am 30.7.1929 der für seine Zeit höchst moderne Neubauplan von Architekt Ernst Duhm, Berlin, eingereicht (Rohbauabnahme 20.1.1930). Der links anschließende Verbindungsflügel am Landgrabenweg entstammt erst der Periode V

84 Die Villa Wessel am Landgrabenweg (Carl-Troll-Straße), Ende des 19. Jahrhunderts auf einem Landstück der Sternenburg erbaut, 1923 von der Witwe Wessel an die Landwirtschaftskammer Rheinland verkauft. Abbruch in Periode V. Bemerkenswert ist der enge topographische Zusammenhang zwischen Fabrik und Fabrikantenvilla – so auch bei Soennecken. Aufnahme vor 1904

5.2 Soennecken-Fabrik

Die Schreibwaren- und Schreibmöbelfabrik von Friedrich Soennecken erlebte in der Gründerzeit eine dem Wessel-Werk ähnliche wirtschaftliche und bauliche Expansion. Das 1875 gegründete Werk erweiterte bis zum I. Weltkrieg in mehreren Schüben: 1884 ff. entstand an der Kirschallee etwas zurückgesetzt ein dreigeschossiges Hauptgebäude von neun Achsen im florentinischen Palazzostil und ein zweigeschossiges Nebengebäude von fünf Achsen. 1890-95 wird davor, unmittelbar an die Kirschallee ein fünfgeschossiger Bau von 17 Achsen (Kirschallee) und 9 Achsen (Reuterstraße) gesetzt. Der Entwurf von Otto Penner, Bonn, weist Elemente aus der Deutsch-Ordens-Architektur auf, wenn auch der vorgesehene Zinnenkranz nicht zur Ausführung gelangte.

85 Die Schreibwaren- und Schreibmöbelfabrik von Friedrich Soennecken, erbaut 1890-95, Architekt Otto Penner

86 Kurz danach folgte der ebenfalls fünfgeschossige, weiter zurückliegende und einfacher gehaltene Winkelbau an der Kirschallee

87 1911-13 wurde ein stark durchfensterter Bau (fünf Geschosse, davon ein falsches Mansardgeschoß) davorgesetzt (Architekt H. Müller-Erkelenz). Alter Zustand nach Bombenschäden im II. Weltkrieg Fassade stark überarbeitet.

88 1911-13 entstanden auch die Lagergebäude zum Jagdweg (IV 1979)

89 Gebäude am Jagdweg, heute als Institut der Universität Bonn genutzt

90/1 Bereits vor 1890 wurde die Villa Soennecken an der Ecke Reuterstraße/Kirschallee an Stelle eines älteren Vorgängerbaus errichtet. Heute Institut der Universität Bonn, verunstaltet durch die Beseitigung der Fenstereinteilung. Hauptfront Reuterstraße. 1979

90/2 Villa Soennecken vom Garten um 1904

90/3 Villa S., Gartenseite. 1979

90/4 Villa S., Portal der W-Seite. VI 1979

91 Remise zur Villa Soennecken am Jagdweg, von S. Fabrik, Villa und Remise liegen in einem Baublock eng miteinander vergesellschaftet. IV 1979

5.3 Andere Gewerbebetriebe

1904 bestehen außer den beiden großen Werken von Wessel und Soennecken noch die seit 1837 in Bonn ansässige Kaffeerösterei von A. Zuntz sel. Wwe., die Bonner Aktienbrauerei an der Trierer Straße und die Ringofenziegelei Zerres an der Lotharstraße.

92/1 Kaffeerösterei Zuntz, Königstraße von SW, erbaut 1886/87, weitgehend noch im ursprünglichen Zustand. Heute leer stehend. III 1977

92/2 Kaffeerösterei Zuntz, Straßenfront von SO, rechts späterer Anbau (Periode III). Am Rand des Baublocks, an der Argelanderstraße steht die Villa Zuntz und eine Reihe Häuser, die von dieser Firma erbaut worden sind. III 1977

93/1 Kleiner Gewerbehof, Sternenburgstraße 14, nach S. VIII 1978

93/2 desgl., Blick zur Straße (nach N). VIII 1978

6. Universitätsgebäude

94 Gebäude der Landwirtschaftlichen Fakultät der Universität Bonn, vormals selbständige Landwirtschaftliche Akademie an der Meckenheimer Allee, aufgenommen aus dem Eingang Clemens-August-Straße nach N. V.l.n.r.: Das 1867 fertiggestellte neue Hörsaalgebäude, links ein späterer Anbau, in der Mitte das Direktionsgebäude und rechts das (spätere) Hauptlehrgebäude. IV 1978

95 Direktionsgebäude, 1850 von dem Schinkelschüler Regierungsbaurat Friedrich Zwirner im klassizistischen Landhausstil erbaut. IV 1978

96 In den „Albumblättern vom Rhein" wirbt man für die hübsch gelegene „landwirthschaftliche Academie zu Poppelsdorf" (1861 dazu erhoben). Im Mittelfeld das Direktionsgebäude mit dem nördlichen Ortseingang von Poppelsdorf, darüber Kloster Kreuzberg. Im Nebenbild links unten der 1823 im Rondell fertiggestellte landwirtschaftliche Versuchshof, in den ältere Teile aus kurfürstlicher Zeit einbezogen sind. Bild zwischen 1861 und 1866

97 Das 1888-90 im Stil des florentinischen Palazzo erbaute Hauptlehrgebäude, lange Domizil der Geodäten, denen 1912 ein Turm für astronomische und geodätische Messungen auf das Dach gesetzt wurde. IV 1978

7. Äußere (exogene) Erweiterungszone

Große Teile der Poppelsdorfer Gemarkung wurden mit Häusern besetzt, um Zuwanderer aus anderen Landesteilen anzulocken (Spekulationsbauten). Die Poppelsdorfer Bevölkerung alleine hätte eine solche Expansion niemals tragen können.

7.1 Klassizistische Vorboten

98 An der Luisenstraße (S-Seite). VIII 1978

99 An der Reuterstraße. Für die Häuserzeile 8-20 gibt es nur einen Bauantrag aus Periode III (Nr. 8 von 1876); die Akten der anderen Häuser befassen sich nur mit Umbauten. Diese Quellenlage stützt den Befund auf dem Katasterplan von 1861 (Quelle 6b), wo hier bereits eine Gebäudereihe erscheint. Die drei Häuser (v.l.n.r.) 20, 18, 16 weisen trotz späterer Veränderungen noch die Aufmaße der klassizistischen Zeit auf. Die Fassade von Nr. 20 wurde 1927/28 neu gegliedert, die von 18 und 16 in Periode III. VI 1979

100 Die evangelische Lutherkirche an der Reuterstraße, 1901-03 in „deutscher Renaissance" erbaut, Straßenfront von S. 1978

101 Lutherkirche von N. IV 1978

102/1 Die Synagoge an der Ecke Bennauerstraße/Jagdweg von SW, erbaut 1901-02 im historistisch-maurischen Stil, 1938 zerstört. Postkarte um 1904

102/2 Synagoge von S. Aufnahme zwischen 1913 und 1938

103/1 Die 1880-83 erbaute Infanterie-Kaserne an der Ermekeilstraße von NW. 1979

103/2 Das 1903-04 erbaute Stabsgebäude der Infanterie-Kaserne an der Ecke Ermekeil-/Argelanderstraße. 1979

104 Links hübscher klassizistischer Ansatz „Am Poppelsdorfer Weiher", unvermittelt stößt darauf die gründerzeitliche Eckbebauung des Venusbergwegs (von S nach N), rechts Neubauten der 1960er Jahre. III 1977

105 Venusbergweg, Fortsetzung von Bild 104. III 1977

106 Argelanderstraße, links zwischen Luisen- und Reuterstraße, rechts jenseits der Reuterstraße, von S gesehen. VIII 1978

107/1 Roonplatz – heute zur Wilhelm-Levison-Straße gehörend. Zufällige Platzbildung, nur durch eine öffentliche Normaluhr akzentuiert. Links Argelanderstraße, rechts ehem. Roon-, heute W.-Levison-Str. 1976

107/2 Ehem. Roonplatz gegen W, Blick in die Argelanderstraße. IV 1979

107/3 Westliche „Platzwand" – eine vollständig erhaltene Gründerzeitreihe. IV 1979

108 Auf dem Gelände der Sternenburg entstand der obere Jagdweg, im Zuschnitt weniger großzügig als die bisher vorgeführten Straßen der Südstadt. IV 1979

109 In Randlage, Johann-v.-Hanstein-Straße von N, entstanden sogar Siedlungshäuser, die wegen ihrer kleinen Außmaße und ihres Mangels an Dekor wieder klassizistisch erscheinen. VIII 1978

110 Am Klosterweg (von SW) baute man auch in Periode III weiter klassizistisch-biedermeierlich – um so mehr sticht ein Protzer mit seinem besonders plastischen Dekor ab. IV 1979

111 Die untere Kurfürstenstraße (zwischen Schloßstraße und Argelanderstraße, von S nach N) wirkt weniger großzügig, weil ihr die Bäume fehlen. IV 1978

112 Die typische Bonner Hoffront – „vorne oui – hinten pfui", von der Lutherkirche nach N. III 1978

113 Doppelvilla, Kurfürstenstraße Nr. 17/19, von SO. Dahinter Doppelvillen am Venusbergweg. III 1977

114 Schloßstraße von W, Standort Venusbergweg. III 1977

115 Westlicher Schloßstraßeneingang. III 1977

116 Baulich geschickt eingefangener Knick und Versprung in der Schloßstraße, südliche Häuserzeile. III 1977

117 Doppelvilla am Venusbergweg gegenüber dem Botanischen Garten, links (noch!) ursprünglicher Zustand, rechts die „gereinigte“ Form. III 1977

118 Das gemütliche, weil weit vorkragende Krüppelwalmdach ist ebenso zurückgestutzt wie das Dach des Pylons. Die Fachwerkgliederung links belebt den Bauteil und setzt einen turmartigen Akzent. Der Pylon rechts ist nur noch ein häßlicher Appendix. III 1977

120 Brücke im Melbtal über den Engelbach von S, aus Periode III. IV 1979

121 Die Brücke über den Engelbach (von W) verbindet den Ort mit dem Gut Melb. IV 1979

122 Der Poppelsdorfer Friedhof, hier Blick nach W vom Wallfahrtsweg zum Stationsweg mit Wärterhaus (Periode III), gewann nach Schließung des Bonner Alten Friedhofes 1884 eine zunehmende Bedeutung für die Stadt Bonn und wurde ein weiterer Faktor bei der Vorortbildung. IV 1979

8. „Eingeschobenes“ aus Entwicklungsperiode IV und V

In der Zwischenkriegszeit kam es zu keiner geschlossenen Bebauung auf zusammenhängenden Flächen. In Periode V wurde die Neubebauung gleichfalls nur eingeschoben oder alte Bausubstanz ersetzt. Nur am Venusberghang war noch Platz für ein mehr oder weniger geschlossenes Gebiet mit Einfamilienhäusern.

123 Kekuléstraße 26-14 von SW, zusammen mit Nr. 28-40 und Landgrabenweg 55 und 57 als Kleinwohnungssiedlung der Gemeinnützigen Siedlungsgesellschaft Bonn GmbH. von Architekt Karl Edler 1919 geplant und bis 1920 ausgeführt. Die auf Mittelachse geplante Gesamtkonzeption in Periode V stark geglättet. IV 1978

124 Mittelachse der Reihe in Haus Nr. 20 – der letzte Rest an Dekor. IV 1978

126 Hartsteinstraße 8-4 von W, zusammen mit den Häusern 3-7 auf der W-Seite eine private Kleinsiedlung für gehobene Ansprüche Bonner Geschäftsleute der Architekten A. Behmer und Karl Burmester a. d. J. 1925/26. VI 1979

125 Rehfuesstraße 37-49, Jagdweg 46 von OSO. Kleinwohnungssiedlung, erbaut 1919-20 von dem selben Bauträger und Architekten wie die Siedlung in der Kekuléstraße (vgl. Bild 123 f.). Für die einspringenden Ecken am Jagdweg (und an der Kirschallee) mußte die festgesetzte Baulinie dieser Straße abgeändert, für die zu kleinen Hofräume der Eckgebäude eine Sondergenehmigung erteilt werden. Ein Antrag auf Aufstockung von Nr. 41 v. J. 1924 wird abgewiesen. Begründung: 1. Zu dünne tragende Wände, 2. erscheine es fraglich, ob der Ausschuß gegen Verunstaltung des Ortsbildes seine Zustimmung gebe, da das Gebiet durch Ortsstatut geschützt sei. Das Bild des geschlossenen Ortbildes blieb erhalten ... IV 1979

127 Bennauerstraße 2-4, zwei Stilrichtungen der Entwicklungsperiode IV „unter einem Dach"

128 Doppelhaus Sebastianstraße 56, ausgesprochen selten anzutreffender Holzbau aus den 1930er Jahren.

129 Rechts Luisenstraße 34, ein Beispiel für den in Dimension und Proportion gelungenen Mietwohnhausbau der 1950er Jahre. Links Nr. 36, Haus einer Studentenverbindung aus Periode III. Villentyp mit Eckturm. VIII 1978

9. Bilder zur Sanierung

130 Bonn-Poppelsdorf ....

131 ...im Um- und Abbruch. Um 1975

Drei Bilder zum Poppelsdorfer Platz = drei Perioden der Bebauung an der Ecke Clemens-August-Straße/Sebastianstraße (von NO gesehen)

132 Kapelle von 1812, rechts Kirchhof und dörfliches Fachwerkhaus, links rückt die Bebauung der Gründerzeit bereits bedrohlich näher. – Hier baute die katholische Kirchengemeinde Poppelsdorf ... Gemälde um 1900.

133 Clemens-August-Straße 52-56 (v. r. n. l.). Die Kapelle wich 1900 dem Bauboom des ausgehenden 19. Jahrhunderts. Eckbebauung typisch für neue Stadtteile der Zeit, rechts bereits Sanierungslücke. Die Wohngeschäftshäuser kennzeichnen den inneren Umbau des Ortskerns auch im Oberdorf, das länger ländlich blieb als das Unterdorf. Hier bauten Privatleute ... Aufn. 1969

134 „Hier baut die Stadt Bonn“ ... seit 1958 den „Poppelsdorfer Platz“, der nach dem Willen der Stadtplaner „zugleich ein Beispiel für die Neubebauung der Clemens-August-Straße, Westseite“ werden sollte. IV 1978

135 Poppelsdorfer Platz mit Resten der Bebauung an der oberen Clemens-August-Straße, darüber Poppelsdorfer Friedhof am Kreuzberghang. IV 1978

136 Poppelsdorfer Platz von S. IV 1978

137 Reste einer Ackerterrasse am Rande der eiszeitlichen Mittelterrasse, durch Sanierungsabbrüche von der Clemens-August-Straße her sichtbar (Höhe Rehfuesstraße). Von O nach W. IV 1978

138 „Jägerhof" von N vor Beginn der Abbrucharbeiten – leere Häuser ziehen die Kräfte der Zerstörung an. Um 1975

139 Die unterdessen ganz abgeräumte W-Seite der Clemens-August-Straße an ihrem Nordeingang. Darüber die Servitenkirche mit dem Anbau der Heiligen Stiege auf dem Kreuzberg.

140 So sah der N-Eingang der Clemens-August-Straße in der ersten Hälfte des 19. Jahrhunderts aus (mit Vorgängerbau des „Jägerhofes"). Lithographie von Aimé Henry, um 1820

Bildnachweis

Bild-Nr.	
1	St. Arch. Bonn, seitenverkehrte Vorlage hier gedreht
2	ebd.
3	Aero – Foto A. Schwarzer, Mönchengladbach vom 3. 9. 1968, freigegeben vom Regierungspräsidenten Düsseldorf, Nr. 06/960/21
4	Mit Genehmigung des Landesvermessungsamtes Nordrhein-Westfalen v. 24. 8. 1979, Kontrollnummer D 6268 vervielfältigt durch das Seminar für Historische Geographie der Universität Bonn, Dr. Busso von der Dollen
5+6	von der Dollen
7-10	Landeskonservator Rheinland
11	Aero-Foto A. Schwarzer, Ende 1960, freigegeben Reg. Präs. Düsseldorf Nr. 06/318, Luftbildaufnahme Nr. 23205
12	Lück, Bonn
12/1	St. Arch. Bonn
13	von der Dollen
14	St. Arch. Bonn
15+16	aus: Clemen, Kunstdenkmäler Bonn, V, 3
17	Privatbesitz Gerresheim, Bonn
18+19	von der Dollen
20	Waldemar Haberey, Bonn
21	aus: Clemen, Kunstdenkmäler Bonn, V, 3
22	Akten Poppelsdorf 4024, St. Arch. Bonn
23	St. Arch. Bonn
24-26	von der Dollen
27	Haberey
28, 29, 34-37	von der Dollen
30	General-Anzeiger Bonn
31-33	Clemens Gf. v. Looz-Corswarem
38	St. Arch. Bonn
39-40	von der Dollen
41/1	Zeichnung Gerhard Boeddinghaus
41/2	St. Arch. Bonn
41/3-41/6	von der Dollen
42/1, 42/3, 42/4	Privatbesitz Betzgen, Bonn
42/2	Landeskonservator Rhld.
43-44	St. Arch. Bonn
44a	Haberey
45	von der Dollen
46	Haberey
46a	St. Arch. Bonn
47-50	von der Dollen
51+52	Staatsarchiv Düsseldorf, vgl. Quelle 2
53-55	von der Dollen
56/1+2	Haberey
57/1-69	von der Dollen
70	St. Arch. Bonn
71-73	von der Dollen
74, 76, 82	St. Arch. Bonn, Bauakten Wessel-Werk
75, 77-81, 83	von der Dollen
84+90/2	Lücker, Bürgermeisterei Poppelsdorf, nach S. 76
85-87	Bildarchiv Foto Marburg Nr. LA 4068/26a, 34a, 5a
88+89	von der Dollen
90/1+3	Haberey
90/4-95	von der Dollen
96	St. Arch. Bonn
97-99	von der Dollen
100	Haberey
101	von der Dollen
102/1+2	St. Arch. Bonn
103/1+2	Haberey
104-106	von der Dollen
107/1	Lück
107/2-129	von der Dollen
130+131	von Looz-Corswarem
132	St. Arch. Bonn
133	Haberey
134-137	von der Dollen
138	von Looz-Corswarem
139	von der Dollen
140	St. Arch. Bonn

Bildautoren und Anzahl der zur Verfügung gestellten Bilder

Aero-Foto Schwarzer, Mönchengladbach 2
Clemen, Kunstdenkmäler Bonn 2
Betzgen, Bonn 3
Bildarchiv Foto Marburg 3
Boeddinghaus, Gerhard, Dr.-Ing., Dortmund 1
von der Dollen, Busso, Dr. phil., Bonn 92
General-Anzeiger Bonn 1
Gerresheim, Theo, Bonn 1
Haberey, Waldemar, Obermuseumsrat a. D., Bonn 18
Landeskonservator Rheinland, Bildersammlung, Bonn 5
Landesvermessungsamt NRW, Bonn 1
Lück, Karen, Bonn 2
Lücker, Bürgermeisterei Poppelsdorf, 2
von Looz-Corswarem, Clemens Graf, Dr. phil., Münster 6
Staatsarchiv Düsseldorf 2
Stadtarchiv Bonn 18

ARBEITSHEFTE LANDESKONSERVATOR RHEINLAND

im Auftrag des Kultusministers von Nordrhein-Westfalen und des Landschaftsverbandes Rheinland
herausgegeben von Landeskonservator Dr. Udo Mainzer
Schriftleitung Dr. Rüdiger Schneider Berrenberg

1. **Arbeitersiedlungen 1,** herausgegeben von Günther Borchers, 1975[2]
2. **Denkmäler der Stolberger Messingindustrie,** von Wilfried Hansmann und Wolfgang Zahn, 1974[2] (vergriffen)
3. **Arbeitersiedlungen 2,** von Wilfried Hansmann und Juliane Kirschbaum, 1975[2]
4. **Ensembles 1,** von Carl-Wilhelm Clasen, Wilfried Hansmann und Volker Osteneck, 1975[2]
5. **Die Eisenbahnbrücke über die Wupper bei Müngsten,** von Ernst Werner, 1975[2]
6. **Die Bonner Südstadt,** von Eberhard Grunsky und Volker Osteneck, 1976[2]
7. **Denkmalpflege im rheinischen Ballungsraum,** Dokumentation der Jahrestagung der Vereinigung der Landesdenkmalpfleger in der Bundesrepublik Deutschland vom 6. bis 13. Mai 1973, herausgegeben von Günther Borchers, 1974 (vergriffen)
8. **Die Kölner Neustadt,** von Hiltrud Kier, 1973 (vergriffen)
9. **Xanten.** Beispielstadt des Europäischen Denkmalschutzjahres 1975, herausgegeben von Günther Borchers (vergriffen)
10. **Blocksanierung in der Kölner Neustadt,** herausgegeben von Günther Borchers in Zusammenarbeit mit einer Arbeitsgruppe des Fachbereiches Architektur der Fachhochschule Köln (in Vorbereitung)
11. **Das Frankenberger Viertel in Aachen,** von Peter Ruhnau, 1976
12. **Vier Siedlungen in Duisburg (1925-1930),** von Eberhard Grunsky, 1975
13. **Die Bruno-Möhring-Siedlung Am Grafenbusch in Oberhausen,** von Roland Günter und Bodo Herzog (in Vorbereitung)
14. **Wir verändern ein Stückchen Bonn...** Bürgerinitiative Heroldbauten. Dokumentation über Neubaupläne einer Versicherungsgesellschaft in der Bonner Südstadt, herausgegeben von Günther Borchers in Zusammenarbeit mit dem Kunsthistorischen Institut der Universität und dem Arbeitskreis Historisches Stadtgefüge, 1975 (vergriffen)
15. **Die Entwicklung der optischen Telegrafie in Preußen,** von Dieter Herbarth, 1978
16. **Architekturphotogrammetrie I.** Internationales Symposium für Photogrammetrie in der Architektur und Denkmalpflege, Bonn, 10.-13. Mai 1976. Der Wert moderner Kulturgüterarchive, von Hans Foramitti, 1976
17. **Architekturphotogrammetrie II.** Internationales Symposium für Photogrammetrie in der Architektur und Denkmalpflege, Bonn, 10. -13. Mai 1976. Vorträge 1, herausgegeben von Günther Borchers, 1976
18. **Architekturphotogrammetrie III.** Internationales Symposium für Photogrammetrie in der Architektur und Denkmalpflege, Bonn, 10. -13. Mai 1976. Vorträge 2, herausgegeben von Günther Borchers, 1977

Rheinland-Verlag GmbH · Köln
5 Köln 21 Landeshaus
in Kommission bei Rudolf Habelt Verlag GmbH · Bonn

ARBEITSHEFTE
LANDESKONSERVATOR RHEINLAND

im Auftrag des Kultusministers von Nordrhein-Westfalen und des Landschaftsverbandes Rheinland
herausgegeben von Landeskonservator Dr. Udo Mainzer
Schriftleitung Dr. Rüdiger Schneider Berrenberg

---

19. **Die Schwebebahn in Wuppertal,** von Hans-Fried Schierk und Norbert Schmidt, 1976

20. **Technische Denkmale im Rheinland,** von Axel Föhl, 1976

21. **Kirchenbauten des 19. Jahrhunderts im alten Siegkreis,** von Jörg Schulze, 1977

22. **Der Kölner Hauptbahnhof,** von Ulrich Krings, 1977

23. **Wohnbauten in Köln-Ehrenfeld,** von Henriette Meynen, 1977

24. **Farbfenster in Bonner Wohnhäusern,** von Waldemar Haberey, Suzanne Beeh und Johannes Ralf Beines, 1979

25. **Die Renaissance-Stadtanlage Jülich,** von Jürgen Eberhardt, 1978

26. **Bad Honnef, Stadtentwicklung und Stadtstruktur,** von V. Darius, I.-M. Heinze, Th. Kirchner, J. Rörig, B. Schellewald und W. Tegethoff, 1979

27. **Schlacht- und Viehmarktanlagen in Wuppertal (1829-1915),** von Norbert Schmidt (in Vorbereitung)

28. **Otto Engler. Geschäfts- und Warenhausarchitektur (1904-1914),** von Eberhard Grunsky, 1979

29. **Militärbauten. Die preußischen Festungsbauten in Köln,** von Henriette Meynen, mit einem Beitrag von Helmut Pflüger (in Vorbereitung)

30. **Militärbauten. Der Westwall im Rheinland** (in Vorbereitung)

31. **Bonn-Poppelsdorf.** Die Entwicklung der Bebauung eines Bonner Vorortes in Karte und Bild (bis zur Sanierung), von Busso von der Dollen, 1979

32. **Die Fossa Eugeniana.** Die unvollendete Kanalverbindung zwischen Rhein und Maas, von Rolf-Günter Pistor und Henri Smeets, 1979

33. **Die Schleifkotten in Solingen,** von Ludwig Lunkenheimer (in Vorbereitung)

34. **Die Bauten der Gesolei in Düsseldorf,** von Irene Markowitz (in Vorbereitung)

35. **Die farbige Behandlung bürgerlicher Wohnhausfassaden (1800-1914),** von Johannes Ralf Beines (in Vorbereitung)

36. **Schloß Drachenburg,** von Angelika Leyendecker, 1979

Rheinland-Verlag GmbH · Köln
5 Köln 21 Landeshaus
in Kommission bei Rudolf Habelt Verlag GmbH · Bonn